인문잡지 한편
5

일

"노동자가 자기 노동에 대한
소유를 주장할 수 있는 것은
시간과 맺는 관계를 전복할 때다.
자기 시간의 주인이 되는 것과
자기 공간에서의 고독."

자크 랑시에르,
『프롤레타리아의 밤』

인문잡지 한편
2021년 5월
5호

일

쓸모 있는 일을 하려는 사람들에게

2021년도 어느새 반절이 갔다. 4호 '동물'을 열며 순한 마음으로 살아가는 소의 해가 되길 빌었다. 우리에게 친숙한 동물 소는 농경 사회에서 없어서는 안 될 노동력이기도 했다.

털 빛깔이 푸수수해질 만큼 오랜 시간, 짐을 지고 쟁기로 밭을 가는 고된 일에 지친 할머니 소가 있다. "할머니!" 장터 다녀오는 길동무로 옆집 꼬마 황소가 함께한다. 힘도 세고 씩씩하고 아직 천진한 젊은 소다. 두 소는 딸랑딸랑, 우렁두렁 워낭 소리를 내며 저마다 수레에 산더미 같은 짐을 싣고 걷는다.

"우리들 소에게 하느님은 가장 성스러운 일을 맡겨 주셨어."

가을 풍경에 잠시 한눈을 팔자 주인의 회초리가 날아온다. 가슴속이 따갑게 서럽고 눈물이 차오른다. 할머니 소는 삼빡삼빡 흐린 눈을 떴다 감으며 꼬마 황소를 달랜다. 힘들게 오르막을 올라 고갯마루에 다다르자, 들국화 향기가 한 줄기 바람에 실려 온다. 손에 잡히지 않지만, 분명하게 느낄 수 있는 아름다움이다.

"소나무 가지가 푸르게 드리웠고, 고갯길엔 들국화가 모닥모닥 피어 아름다운 향기를 퍼뜨리고 있었습니다. 그 들국화 향기가 아기 송아지처럼 오르르 몰려와 꼬마 황소와 할머니 소 어깨를 부축해 주는 듯했습니다."

어린이문학 작가 권정생이 1978년 발표한 단편 『들국화 고갯길』의 한 대목이다. 묵묵히 고갯길을 넘는 우직한 발걸음은 성실하고 순한 성품으로 참고 견디는 노동의 시간이다. 펄펄한 젊은이가 다 늙도록 코뚜레와 회초리에서 벗어날 수 없는 폭력과 모멸의 시간이기도 하다. 당시 이 작품을 읽은 어린이들은 두 소의 모습을 엄마, 아빠, 언니, 형 그리고 곧 어른이 되어 일할 자신과 그리 멀게 느끼지 않았을지도 모른다. 지금 이를 읽는 어른의 눈에는 왜 눈물이 어릴까? 어디에 나의 모습을 겹쳐 보고 있을까? 그때의 일과 삶은 지금 우리 모습과 얼마나 다를까? 다른 것은 무엇이고, 여전히 바뀌지 않은 것은 무엇일까?

멈출 수 없는 일과 삶의 연결

일에 대한 이야기가 정말 많다. 스마트하게 직장생활 하는 법, 당장 퇴사해도 문제없는 커리어 만드는 법, 능숙해지기 위해, 돈을 많이 벌기 위해, 오래 지치지 않고 일하기 위해 자신을 변화시키는 법, 창조성을 발휘하며 만족스럽게 일하는 법을 전달하는 콘텐츠는 생산되는 양도 필요로 하는 사람들도 많다. 일하는 시간이 즐겁지 않을 때, 지지부진한 국면을 돌파하고 싶을 때 우리는 이런 이야기를 찾고, 도움을 받기도 한다.

한편 일에 대한 이야기가 너무 적다고도 느낀다. 노동해방과 계급투쟁론의 시대를 지나온 오늘날 위험한 업무 환경, 과중한 업무에 시달리다 맞는 죽음, 일자리를 찾지 못하고 사회에서 끝없이 고립되는 구직자, 비닐하우스에서 자고 일어나 다른 비닐하우스로 출근하는 외국인 노동자, 시급 만 원을 넘기기 힘든 돌봄노동자의 이야기가 작은 목소리로 들려온다. 그러나 어떤 일이 구체적으로 어떻게 힘든지, 우리는 여전히 잘 모른다.

일 잘하는 법을 알고 싶어 하는 사람들의 마음에는 주체성의 회복과 보람에 대한 열망이 있다. 벗어날 수 없는 노동의 굴레와 제각각 단절되어 있는 개인의 고통은 구조의 비대칭성을 드러낸다. 어느 한쪽만이 진실은 아니다. 개별적인 경험의 의미를 파악하는 데서부터 자기 성장도, 정의의 회복도 가능할 것이다.

일이란 무엇인가? 하루 중 가장 많은 시간을 보내는 행위, 고통스러운 노역, 생계유지 수단, 자아실현의 장, 성인으로서 사회적 역할의 수행이자 인정 획득 방식, 혹은 내가 진짜 하고 싶은 일을 하기 위한 과정 모두를 우리는 일이라 부른다. 청소하고 빨래하는 매일의 가사노동에서 조직의 부품으로서 하는 임금노동, 돈을 주지 않아도 기꺼이 참여하는 사회활동까지 일을 둘러싼 다양한 의미와 경험은 일하는 사람을 소모시키거나 고양시키면서 이전과는 다르게 바꾸어 버린다.

일상어에서 출발하는 인문잡지 《한편》은 누구나 일에 대한 자신만의 경험과 의견이 있음을 중요하게 생각한다. 인류학, 사회학, 경제학, 여성학, 심리학, 철학, 교육학, 예술학 등 열 편의 글은 일을 둘러싼 진실들을 종합하고자 한 시도로, 지금 여기에서 일하며 살아가는 가까운 이, 심지어 자기 자신을 떠올리게 한다.

투자의 시간, 작업의 시간

일을 탐구하는 데 필요한 핵심 단어는 돈 그리고 시간이다. 돈을 많이 벌어서 내 마음대로 시간을 쓰고 싶다는 꿈은 주식투자에 매달리는 '동학개미'의 동력이다. 인류학 연구자 김수현은 「개미투자자의 일」에서 자신을 비롯한 청년세대는 노동만으로는 삶의 안정을 이룰 수 없다는 감각을 공유하고 있다고 지적한다. 1970~1980년대에 청년이었던 이들이 비난하는 지금 청년세대의 '안정' 집착은 "1960년대에 비해 1980년대 출생자가 노동시장에 처음 진입할 때 저임금에 불안정한 일자리로 들어가는 유형이 급격하게 증가"(변금선)하는 현실과 관련 있다. 이어서 철학 연구자 배세진은 「동학개미, 어떻게 볼 것인가」에서 자본소득이 노동소득을 추월하고 있는 상황 속 주식투자의 맹점을 짚는다. 화폐 개념의 근본적인 고찰을 통해 임금노동자의 주식투자가 어떻게 '제 살 깎아 먹기'가 되는지 논증한다. 투자 열풍에 뛰어들지 않으면 자본주의 사회에서 뒤처진다는 공포 앞에서, 두 글은 하나의 과속 방지턱이 될 수 있을 것이다.

　모두에게 시간은 한정되어 있으며, 이 시간을 어떻게 분배하고 쓰는지에 따라 삶의 모습이 바뀌어 간다. 2021년 각종 온라인 플랫폼을 기반으로 일인사업자가 된 노동자는 자유롭게 일할지 말지 시간을 선택할 수 있는 것처럼 보인다. 사회학 연구자 조해언의 「젊은 플랫폼노동자의 초상」은 쿠팡 물류센터의 20대 노동자를 추적해 같은 일을 선택한 사람들의 서로 다른 경험을 확인한다. 각자의 선택 배경을 고려하지 않는다면, '나쁜 일자리'는 개선될 수 없다. 일과 일상의 시간 분할이라는 문제는 산업혁명 이래 계속해서 제기되어 온 문제. 최의연의「노동자의 밤에 일어나는 일」은 자크 랑시에르의『프롤레타리아의 밤』을 읽으면서 노동자 주체성의 가능성을 묻는다. 1800년대 프랑스 노동자들이 휴식, 수면, 재생산에 바쳐지지 않은 밤 시간에 생산한 작업 아카이브는 '피로와 절망으로 환원되지 않는 삶'의 증거다. 이는 시간과 삶에 대한 통제권을 회복할 역량을 누구나 똑같이 가진다는 것을 보여 준다.

노동자의 '작업' 이야기를 뒤집어 이제 예술가의 '노동'을 생각해 볼 차례다. 예술로 먹고살 수 있을까? 창작은 일일까, 놀이일까? 그런 건 예술가들이 알아서 할 문제일까? 미술평론가 홍태림은「예술은 노동인가?」에서 예술가의 일에 대한 정당한 대가 지불 논의가 촉발된 2014년 한국 미술계의 사건과 이를 둘러싼 논점을 소개한다. 예술노동론을 둘러싼 논의를 따라가면 오늘날 일이 마주한 새로운 국면까지 이해할 수 있게 된다.

돌봄, 무겁고 어려운 짐이자 보람

인류학자 데이비드 그레이버는 다음과 같이 지적한다. "우리 사회에는 어떤 직업이 다른 사람들을 확연히 이롭게 할수록 그 일에 대한 정당한 보수를 받을 확률은 더 낮아진다는 일반 원칙이 있는 것 같다." 대표적 사례가 바로 돌봄노동이다. "돌봄에서는 두 가지 감정의 줄다리기가 항상 일어난다. 돌봄이 무거운 짐이라는 생각과 그것이 아무리 무거운 짐이라 해도 궁극적으로는 보람 있는 일이라는 생각 사이를 오간다. 돌보는 이들은 이러한 양가적 감정을 따로 혹은 동시에 경험한다. 돌봄은 무겁고 어려운 일인 동시에 분명 인간의 내면을 살찌우고 정신적으로 성숙하게 한다."(아서 클라인만, 『케어』) 이런 막중한 의미에도 불구하고, 대부분 여성인 돌봄노동자들은 매우 낮은 임금을 받고 일한다.

「돌봄을 정당하게 대우하라」를 쓴 사회학 연구자 함선유는 하루 여섯 시간씩 아이 돌봄을 맡겼던 개인적 경험에서 출발한다. 그는 엄마가 해야 할 중요한 일을 남에게 맡겼다는 힐난과 함께 이를 수행하는 돌봄노동자에게 시급 1만 원 이상의 임금은 너무 비싸다고 놀라는 모순된 반응을 마주하곤 했다. 저임금 구조로 돌봄노동자만이 아니라 사용자 역시 돌봄의 질을 보장받지 못하고 '운'에 기대는 현실을 분석한다. 그런데 가사나 돌봄노동은 이전에는 엄마나 할머니, 보통 가족 내 여성 구성원이 무급으로 하던 일이었다. 이처럼 시대의 변화와 함께 새롭게 생겨난 다양한 일자리와 노동은 국가의 경계를 뛰어넘는다. 「일자리를 따라 이동하기」에서 인류학자 임안나는 이스라엘에서 일하는 필리핀 출신의 돌봄노동자를 통해 글로벌 이주 네트워크의 단면을 강렬하게 드러낸다. "우리는 노동력을 불렀는데 사람이 왔다." 일자리를 따라 전 세계 범위에서 이동하는 '루시'가 무슨 일을 하며 브로커, 동료 노동자, 본국의 가족 등과 어떤 관계를 맺고 있는지를 따라가다 보면 어느새 눈앞에 구체적인 사람의 얼굴이 떠오른다.

일터의 폭력과 불의에서 살아남기

일을 생각할 때 드는, 숨길 수 없는 부정적 느낌은 일과 폭력, 심지어 죽음이 매우 가깝다는 사실을 일깨운다. "'일'을 주제로 한 이 책은 본질적으로 '폭력'에 대한 책이다. 여기에는 신체에 대한 폭력뿐 아니라 영혼에 대한 폭력도 포함된다. 무엇보다도 이 책은 일상의 모멸감을 다루고 있다. 상처 입은 채 살아가는 사람들 대부분은 이날까지 살아남았다는 것만 해도 대단한 성공이다."(스터즈 터클, 『일』) 과로죽음 연구자이자 유가족 모임의 일원인 강민정은 더는 사람들이 '과로죽음에 이르지 않도록', 누구나 일하다 죽을 수 있다는 진실을 알린다. 많은 이들에게 과로는 가깝지만, 과로죽음은 여전히 멀게 느껴진다. 적정하게 일하는 시간의 양과 질이 무엇인지 저마다 묻고, 공감하고, 문제를 고쳐 나가야만 그 죽음을 잊지 않은 채 삶을 회복할 수 있다.

하나의 작은 사회인 일터에서 되풀이되는 불의와 폭력에 맞서는 대책은 무엇일까? 정의를 회복하기 위한 전 사회적 변화를 기다리며, 오늘도 쏟아지는 상사의 모욕, 진상 고객, 괴롭히는 거래처에 그때그때 대응하는 방법을 알고 싶은 사람들에게 「직장에서의 셀프 디펜스」를 추천한다. 개인의 저항법인 '셀프 디펜스'를 가르치는 최하란에 따르면 셀프 디펜스는 스스로를 지키는 것이면서 또한 반드시 정당하고 적법해야 한다. 이러한 조건으로부터 자기 자신을 존중하는 데서 나오는 힘의 위력을 비로소 깨닫게 된다.

마지막으로 「한국어를 가르치는 일」에서 최수근은 언어, 교육, 운동으로 구성된 자신의 일 이야기를 꺼낸다. 일과 보상에 대한 이야기이자, 커다란 세계 안에서 존엄을 지키기 위한 한 사람의 시도와 힘에 관한 이야기다. 한국어 선생으로서 교육의 이상을 추구하는 그의 태도는 교학상장의 실현이자 정서적 만족감이라는 심리적 보상을 가져다준다. 그에 훨씬 못 미치는 경제적 보상으로 인한 비대칭성은 한국어 강사 노조 활동을 통해 바로잡아 나간다. 이로써 자기 일을 열심히 하는 것과 새로 길을 내는 것이 다르지 않게 된다.

일을 하며 얻는 보람은 중요하다. 자부심, 헌신의 충만감, 향상심, 일을 마무리했다는, 아무리 사소한 일이라도 바로 내가 했다는 감각이다. 평생 음악가로 산 노년의 피아니스트는 이 감각을 적극적으로 삶과 이어야 한다고 주문한다. "너무도 많은 음악가들이 무엇을 하는지 알아요? 그들은 이런 통합을 음악적으로 이루고는 피아노에 두고 그냥 가 버려요. 그러니 많은 이들이 인간적으로 망가지는 것이 놀랄 일이 아니죠. 그들은 음악적으로 이룬 통합을 일상의 삶으로 가져가는 데 실패합니다. 삶과 조화시킬 수 있는 통합을 말이죠."(『시모어 번스타인의 말』) 변화의 가능성은 누구에게나 있다. 인간은 모두 "자기 삶을 적절하게 변형시킬 수 있는 지적 역량"을 갖고 있기 때문이다. "어떤 사람이라도 자신이 원하기만 한다면 다른 사람이 배운 것을 배울 수 있다는 것이 나의 주장입니다."(움베르토 마투라나, 『있음에서 함으로』)

주체의 보람과 구조의 비대칭성이라는 일의 양가성을 똑바로 보되, 우리는 변화, 이동, 정의 그리고 회복을 꿈꾸며 쓸모 있는 일을 하려는 사람들을 응원할 것이다. 이 사이 어딘가를 분주히 오가고 있을 독자들의 삶에서 《한편》이 교학상장의 역할을 할 수 있기를 바란다.

이한솔(편집자)

일러두기

[1] 저자의 주는 각주로 표시했고 참고 문헌은 권말에 모았다. 외래어 표기는 국립국어원의 외래어 표기법을 따랐으며 일부 관례로 굳어진 것은 예외로 두었다.

[2] 단행본은 『 』로, 논문, 신문기사, 예술작품 등 개별 작품은 「 」로, 신문과 잡지 등 연속간행물은 《 》로 표시했다.

개미투자자가
하는 일

김수현

김수현 　「개인투자자는 왜 실패에도 불구하고 계속 투자를 하는가?: 서울 매매방 전업투자자의 꿈과 금융시장 간파」로 서울대 인류학과에서 석사 학위를 받았다. 인류학적 방법론으로 금융과 의료 등 사회제도 속 인간을 탐구하는 데 관심이 있다. 현재 학부에서 간호학을 전공하고 있다.

[주요어] #불로소득 #경제적자유 #스마트개미
[분류] 인류학 > 문화인류학

"오늘날 불로소득은 가진 자가 아닌
가지지 못한 자가 경제적으로
안정된 삶을 누리기 위해서
반드시 추구해야만 하는 가치가 되었다.
그리고 불로소득은 공동체의
손가락질 대상에서 계급 상승을 위한
마지막 희망의 서사로 탈바꿈했다.
불로소득은 청년세대의 새로운 꿈이 되었다."

"주식투자는 '일'인가요?"

《한편》편집부의 청탁 메일을 받고 나는 고민에 빠졌다. 곧장 "글로 써 보겠습니다."라고 회신을 보내긴 했지만 주식투자가 일인지에 대해서 선뜻 결론을 내리지 못한 상태였다.

그간 개인투자자들을 면담하며 왜 이런 고민을 하지 않았을까? 아직 사회적으로도 주식투자가 일인지에 대한 인식이 정립되어 있지 않은 듯하다. 아니, 사실 개인투자자에게 주식투자로 돈을 버는 게 과연 일인지 일이 아닌지를 가르는 건 별로 중요하지 않다. 돈은 그 출처를 따져 차별하지 않는다. "안녕? 나는 이 계좌의 주인이 직장에서 받은 월급이야." "반가워. 나는 주인이 테슬라 주식 팔아서 번 돈이야. 물 건너왔어."라며 서로 구별 짓지도 않는다. 계좌에 입금되는 순간 자동 합산되며 하나의, 새로운 숫자가 되어 존재할 뿐이다. 숫자가 커졌다는 사실만이 기쁨을 준다.

쉽게 돈 버는 일인가,
경제적 안정을 위한 필수 노동인가

결론을 짓는 일은 유예했지만, 내 머릿속에 두 명의 연구참여자가 떠올랐다. A는 주식투자는 절대 일이 아니라고 생각한다. 그는 내가 2018년 로얄매매방(가명)에서 인류학 석사논문을 위한 현지조사를 진행할 때 만났던 50대 전업투자자였다. 해외선물에 투자하는 20대 여성인 줄 알았던 내가 실은 주식투자자를 연구하는 학생이라는 말에 A는 깊은 안도감을 표하며 젊은 사람들이 주식투자를 하는 세태를 거세게 비판했다. 비교적 젊은 30, 40대 매매방 입실자들은 왜 전업투자를 선택했을지를 묻자, "돈 벌기 쉬우니까. 땀 안 흘리고, 그냥 여름에 시원하고 겨울엔 따뜻한 데 와서 손만 까딱하면 되니까. 자금만 있으면 되니까."라고 답했다.

김수현

그리고 일장 연설이 이어진다.

"우리나라 3D 업종에 외국인 노동자 많은 게, 더럽고 위험하고 힘든 일을 젊은 애들은 안 하니까 오는 거거든. 나 같은 7080(년대 청년 시절을 보낸) 세대는 누구 하나 집안에 높은 사람도 없고, 취직시켜 주는 사람도 없고. 나는 80년대에 제대하고 이력서 등본 열 통 들고 올라와서 취업한 사람이에요. 그렇게 어렵게 5년 일하고 10년 일해서 집 사고 결혼하고 그런 사람인데. 지금 젊은 친구들은 자립심도 없고, 부모 의지하고. (……) 여기 사무실도 30대 젊은 친구들도 많은데 내 자식이면 용서가 안 되지……."

이런 생각은 비단 A만이 아니라 매매방에서 면담한 중장년 전업투자자들에게서 빈번하게 드러났다. A의 생각은 1970~1980년대 한국경제가 개발독재를 통해 고도성장하던 시기에 당연시되었던, 근면 성실한 노동을 통해 국가 경제에 이바지하는 게 바람직한 가치라는 사회적 믿음에 기반한 듯하다. 그리고 주식투자처럼 '일하지 않고 쉽게' 번 돈인 불로소득은 정직한 노동이라는 가치에 정면으로 배치된다. 결정적으로 당대 민주항쟁의 시대정신에 따르면, 불로소득은 노동자를 착취하는 악덕한 유산계급, 즉 가진 자의 특권으로 도덕적 비판을 넘어서 타도의 대상이었다. 주식투자를 일로 용인할 수는 없다는 생각, 숭고한 노동과는 절대로 다르다는 생각은 한때 계급 불평등과 사회 부조리를 비판하는 근거였던 셈이다. A의 '꼰대스러움'에도 그 나름의 정의로운 구석이 있다.

B는 대기업 건설사에 다니는 30대 초반의 직장인 남성이다. 나는 B를 2020년 가을에 만났다. 지난해 3월 코로나 바이러스로 전 세계 경제가 주저앉자 한국은행은 우리나라 경제 역사상 처음으로 양적 완화를 시행했다. 그리고 부동산과 주식을 비롯한 자산 시장은 폭등한다. 학부 졸업반 때부터 주식투자를 했던 B에게 작년 한 해는 큰 수익과 큰 손실이 반복적으로 교차했던 롤러코스터 그 자체였다. 자신의 경험을 담담히 서술하던 B는 큰 손실을 맞았을 때 투자를 그만두고 싶지는 않았느냐는 질문에 불로소득에 박힌 미운털을 뽑아낼 인식론적 전환을 공유했다.

김수현

"관둘 수가 없는 게, (투자로) 제가 일한 것에 대비해서 굉장히 쉽게 돈을 벌 수 있어요. 아니, 이걸 쉽게 번 게 아니고, 바꿔 말하면 제가 가치 없는 일을 하고 있다고 봐야 하는 거예요. 풀린 돈은 굉장히 많고, 돈은 흔한데, 저는 예전과 똑같이 일해서 같은 돈을 벌잖아요, 이건 가치가 떨어진 일을 하고 있다는 생각이 들어요."

쉽게 벌 수 있는 것보다 훨씬 더 쉽게 잃을 수 있다는 결정적 사실이 빠져 있긴 하지만, B의 발언은 지금 청년 세대가 주식을 하는 아주 중요한 단서를 제공한다. 손실에도 불구하고 계속해서 주식투자를 하는 이유는 돈이 쉽게 벌려서가 아니라, 이제는 일해서는 필요한 만큼, 원하는 만큼 버는 게 너무 어렵기 때문이다. 근면 성실하게 일만 해서는 청년 세대 앞에 펼쳐진 결혼, 출산, 육아, 내 집 마련, (그 자신과 부모의) 노후 자금 마련 등 인생 과업을 수행하기에 충분한 돈을 벌 수가 없다. 열심히 일해서 받은 월급으로 근검절약한다면 비교적 충분한 삶의 안정을 누릴 수 있었던 A의 청년 시절에 통용되던 근로 예찬은 더는 유효하지 않다. 근로소득과 불로소득을 가르는 이분법적 사고는 B가 살아가는 현실을 이해하고 공감하는 데 장애가 될 뿐이다.

오늘날 불로소득은 가진 자가 아닌 가지지 못한 자가 경제적으로 안정된 삶을 누리기 위해서 반드시 추구해야만 하는 가치가 되었다. 그리고 불로소득은 공동체의 손가락질 대상에서 계급 상승을 위한 마지막 희망의 서사로 탈바꿈했다. 불로소득은 청년세대의 새로운 꿈이 되었다.

꿈을 위한 돈,
돈이라는 꿈

과거 한국 사회에서 우리는 오직 '일'의 언어로 학자, 선생님, 작가, 군인 등등의 꿈을 꾸었다. 돈은 일이라는 목적의 부산물이었다. 학창 시절 꿈을 적는 괄호에 '부자'라고 적는 친구도 없었을뿐더러, 설령 적었다 해도 선생님이 어떤 '일'을 해서 부자가 될지 다시 써 오라고 했을 것이다. 오로지 일로, 직업으로 미래를 꿈꿨고 그게 당연했으며 무엇보다 충분하다고 여겨졌다.

김수현

물론 돈이 중요하지 않은 건 아니었다. 나도 꿈이 바뀔 때마다 그 직업이 얼마나 돈을 버는지 부모님에게서나 네이버 지식인을 통해서 확인했던 것 같다. 많이 번다는 답변이 나오면 기분이 좋고, 으쓱하기도 했다. 그렇지만 좋아하는 일, 하고 싶은 일, 의미 있는 일을 묵묵히 하다 보면 돈은 언젠가 따라올 거라는 막연한 기대가 더 컸다.

이랬던 나의 꿈 목록에 '100억'으로 표상되는 '경제적 자유'가 등장한 것은 어느 정도 세상 물정을 알게 된 대학원생 때였다. 인류학이 재미있어서 연구를 계속하고 싶은데, 평범한 가정에서 자란 내가 물가가 비싼 나라로 유학도 가고, 돈에 쪼들리지 않고 연구하기 위해서는 비빌 언덕이 필요했다. 100억 원 정도 있으면 돈 걱정 없이 '팍팍' 쓰면서 평생 살 수 있지 않을까 하는 철없는 생각도 있었다. 그리고 100억을 '쎄빠지게' 논문 써서 버는 것은 불가능할 것 같으니, 주식과 파생상품으로 자산을 불려야겠다는 생각이 이어졌다.

이런 사고의 흐름은 오늘날 주식투자하는 청년 세대에게서 흔히 관찰된다. 직업인으로서 일해서 받는 근로소득으로 절대로 채우지 못하는 기대 이익의 나머지 부분을 주식투자를 통한 자본소득으로 메우겠다는 발상 말이다. 그리고 그것이 성공적으로 이뤄진다는 전제하에 주식투자는 어떤 비상 상황도 해결할 수 있는, 안정된 삶을 제공할 거라는 환상을 심어 준다. 이들이 좇는 '경제적 자유'라는 관념은 결국 어마어마한 액수의 돈을 벌겠다는 욕심이 아니라, 어떤 상황에서도 돈 때문에 더는 속 끓이고 싶지 않다는, 삶의 안정을 향한 열망인 셈이다. 또한 주식투자는 하기 싫은 일은 하지 않고, 오로지 하고 싶은 일만 하며 사는 삶을 살 수 있을 것 같은 희망을 불어넣기도 한다. 하여 청년 세대는 일이나 직업의 중개를 거치지 않고서, 직접 돈 그 자체를 꿈꾸기 시작한다. 코로나19 팬데믹으로 인한 주식시장의 상승 이후 주식투자를 새로이 시작한 20대 초반의 대학생 투자자 C에게 주식은 이렇게 정의된다. "삭막한 사회에서 돈을 벌 수 있는 희망. 확률이 높은 로또."

이런 현상은 근로소득만으로는 기대 이익을 채울 수 없거니와, 근로소득을 획기적으로 늘릴 만한 돌파구도 마땅치 않은 사회의 방증이다. 청년 개인투자자들이 체화해 암송하는 '당신이 쉴 때도, 잘 때도 당신

김수현

의 돈은 일하게 하라!'라는 금융가의 정언명령에 설득
력을 부여한 실체는 자본주의 사회에서 더 큰 돈을 벌
고 싶어하는 건 자연스러운 욕망이라는 단순한 생각이
아니다. 삶의 안정을 누리기에는 턱없이 부족한 임금
에 대한 좌절감, 그리고 노동자로서 자신의 능력을 꾸
준히 키워 갈 길이 보이지 않는 사회적 조건에 처한 오
늘날 청년 세대의 패배감과 불안이다.

주식투자의 재미와 의미

고성장에서 저성장으로 청년 세대가 당면한 경제적 조
건이 변화함에 따라, 불명예스러운 불로소득이라는 자
본소득의 주홍글씨는 점차 옅어져 이제는 투명색에 가
깝다. 투자는 더 이상 죄악시되지 않고 그만큼 노동에
더 가까워졌다. 한 정치 인사의 발언은 주식투자가 수
익을 추구하는 사회적으로 합당한 수단임을 천명한
다.[1] 이제는 반대로 주식투자를 하지 않는 게 나태와
게으름의 결과로 이해된다. 자본소득을 추구하는 일은

[1] 「이낙연, "주식시장이 국민 재산증식 무대 되게 할 것"」(《머니투데
이》 2021년 1월 8일 자).

오히려 우리 사회에서 적극적으로 권장되고, 양성화되고 있다. 과연 주식투자가 일 혹은 노동으로서 인정받는 단계에 이르렀다고 볼 수 있을까?

청년 개인투자자에게 주식투자란 '아무것도 할 수 없는 일'이다. 소액 개인투자자는 그저 주식을 사고팔 뿐, 주가가 올랐으면 좋겠다고 올릴 방법이 있는 것도 아니고, 떨어지지 않게 하기 위한 방지책이 있는 것도 아니며, 떨어져도 지켜보는 것 외에는 해결책이 없다. 그렇다고 그것으로부터 온전히 자유롭지도 못하다. 특히 수익률이 마이너스가 되는 날에는 온 신경이 주식에 쏠리게 된다.

B도 손실이 커지는 날엔 밤잠을 못 이룬다. 거의 24시간 개장 중인 것이나 다름없는 미국 지수 선물에 투자했을 때는 업무를 하면서도, 운전을 하면서도 계속 호가창을 쳐다봤다. 아침에 일어나면 가장 먼저 하는 일도 호가창 확인이었다. 일상은 '아무것도 할 수 없는 일'에 얽매이게 된다. 그렇다고 팔아 치울 수도 없다. 주식의 세계에서는 심리적으로 괴롭다고 팔아 치우는 순간 숫자로만 존재하던 마이너스 수익률이 '진짜' 손실로 확정된다. 그래서 청년 개인투자자에게 주

식은 무조건 '버티기'의 대상, 즉 '아무것도 해서는 안 되는 일'이다.

노동이 가치를 발생시킨다는 노동가치설을 전제하는 고전경제학과 이를 비판적으로 계승한 마르크스경제학의 시각 그리고 A의 시대에 통용되던 —— 땀 흘려 일하는 노동의 가치가 국가개발 이데올로기의 일환이었던 —— 가치관에 따르면, '아무것도 할 수 없는 일' 내지 '아무것도 해서는 안 되는 일'은 절대로 노동이 아니다. 그 이름부터 난센스다. 아무런 가치를 만들 수도 없고, 만들려 해서도 안 된다는데 이게 무슨 노동인가. 그저 에너지 낭비, 시간 낭비, 감정 낭비로 보일 수밖에.

하지만 한 가지 틀림없는 사실은 주식투자라는 행위가 점점 더 일과 닮아 가고 있다는 사실이다. 우리는 돈을 벌기 위해 일을 하지만, 동시에 열정을 쏟기도 하고, 재미를 느낄 수도 있다. 그리고 일을 통해 세상을 더 나은 곳으로 바꾸고자 한다. 청년투자자는 바로 주식투자에 새로운 가치와 역할을 부여하고 있다.

주가에는 만사가 연동되어 있어 세상살이가 즉각적으로 반영된다. 그래서 주식투자를 잘하기 위해서는 우리가 실제로 발 딛고 살아가는 사회의 여러 현상을 이해하고 변화의 흐름을 예측해야 한다. 세상을 상대로 베팅하는 게임인 셈이다. 그리고 그 예측이 맞으면 게임머니가 아닌 진짜 돈이 계좌에 차곡차곡 쌓인다. 많은 청년 투자자는 주식투자에 게임의 재미와 같은 속성이 있다고 말한다. 나아가 주식투자는 의미 추구 수단으로 활용되기도 한다. 환경 보호나 코로나 극복 등 우리 시대가 당면한 문제 해결에 직접 뛰어들 수 없을 때 주식투자는 유용한 도구가 된다. 해당 테마와 관련한 주식에 관심을 기울이고 투자함으로써 시대적 과제에 동참할 수도 있다.

스마트개미의
스마트하지 못한 결과

청년 개인투자자들은 주식투자에 새로운 의미를 부여하고 있지만, 결국 투자의 목적은 돈이다. 청년들은 과연 주식투자를 통해 그들이 바라는 경제적 안정과 자유에 가까워지고 있는가? 안타깝게도 개인투자자들이 경제적 안정을 갈망하여 주식투자를 하면 할수록 이들의 일상과 경제는 오히려 안정과 더 멀어지는 듯하다.

김수현

그리고 더 심각한 불안에 빠지게 된다.

이런 현상은 영국의 문화인류학자 폴 윌리스의 『학교와 계급 재생산』에 등장하는 노동자계급 가정의 아이들인 '싸나이들'을 떠올리게 한다. 싸나이들은 학교라는 공간이 결국은 기득권자의 이익을 뒷받침하는 노동자를 기르는 공간이라는 점, 그리고 육체 노동자가 아닌 사무직을 양성하는 교육을 통한 계급 상승은 실로 허상이라는 점을 '간파(penetration)'한다. 그러나 이들은 구조적 모순에서 벗어나기 위해 지배계급에 적극적으로 저항하거나, 노동자계급에서 벗어날 방안을 구하지 않는다. 대신 또래들과 불량한 집단을 결성하고 그 안에서 우정과 의리를 다지는 '반(反)학교문화'로 저항한다. 그 결과 학교가 제공하는 화이트칼라 노동자가 될 기회를 외면한 채 부모와 같은 길을 다시 걸으며 체제에 순응하게 된다. 자신의 의도와는 정반대로 계급이 재생산되고 마는 결과가 빚어진다.

체제 안의 행위자가 구조적 모순을 기민하게 간파하여 주체적으로 행동하지만, 본의와 다르게 계급이 재생산되는 아이러니는 오늘날 주식시장에서도 되풀이되고 있다. 청년 투자자들은 근로소득만으로는 평생 월급쟁이 노동자 신세를 벗어날 수 없으며, 주체적인 삶은 불가능하다는 사실을 간파하고 있다. 그리고 이를 벗어나기 위한 해결책으로 적극적인 개인투자자가 되기를 선택하고 경제적 자유를 꿈꾼다. 작전에 취약하고, 공매도할 수 없는 점 등 주식시장 내에서 기관과 외국인 투자자에 비해 불리한 요인을 파악하고 있지만 그런 조건 속에서도 수익을 올릴 만한 방편을 모색한다. 청년들에게 저항은 낭비요, 손해 보는 장사일 뿐이기 때문이다. 불평 불만할 시간에 할 수 있는 일을 하라는 자기계발의 담론에 충실한 행태다.

개인투자자들은 성공이 드물다는 것을 인지하면서도 자신은 그 사실을 간파한 뒤 전략을 세워 대응하기 때문에 성공적인 투자를 할 수 있다고 자신한다. 예컨대 이들은 여러 주식 전문가의 분석을 바탕으로 개인투자자가 손실을 보는 여러 원인을 학습한다. 그리고 이들의 조언과 지침에 따라 쌀 때 사고, 비쌀 때 파는 '타이밍'을 맞출 게 아니라, 좋은 주식 내지 우량주를 장기간 보유, 그러니까 '존버'한다면 주식시장에서 '진리'로 통용되는 우상향의 원리로 인해 수익을 볼 수 있다고 믿는다. 하지만 존버하겠다는 이들의 계획을

김수현

실천하기란 쉽지 않아 보인다.[2] 청년은 경제적 안정을 찾아 주식시장에 발을 들이지만, 경제 사정은 더 큰 불안에 놓인다. 삶을 주체적으로 살기 위해 주식투자를 시작했는데, 일상의 주도권은 주식투자에 빼앗기는 위험에 빠진다. 간파로 말미암은 개인의 행위자성은 다시 한번 좌절된다.[2]

과연 청년 투자자를 포함한 개인투자자 인구가 주식투자를 통해 그들이 원하는 꾸준하고도 고정적인 수익을 올리는가? 그 실체는 미지수로 남아 있다. '나는 벌 수 있다'라는 신기루 같은 낙관적 확신만이 강력한 신자유주의의 언설로 확산할 뿐이다. 그리고 경제적 신분을 상승시키려는 개인의 의도와 다르게 계급과 체제는 재생산된다. 오히려 더 굳건히 유지된다. 손실과 실패는 성공적으로 투자자 개인의 탓으로 돌려지기 때문이다. '요즘 무슨 종목이 좋아?', '그래서 얼마 벌었는데?' 같은 질문에 사로잡힐 때가 아니다. 희망과 합법의 언어로 포장된 금융투자의 실체에 대해 질문해야 한다. 우리 사회에 만연한 "복권을 당첨금과 동일시하

[2] 「"배보다 배꼽"…"동학개미, 투자수익보다 거래비용이 더 커"」(《한국경제TV》 2021년 2월 23일 자).

는 기만"[3]에 다시 속아 넘어가지 않기 위해. 하여 우리의 계획과 실천이 다시금 좌절되지 않기 위해 묻고 또 물어야 한다.

[3] 시몬 드 보부아르, 백선희 옮김, 『미국 여행기』(열림원, 2000), 383쪽; 장강명, 『표백』(한겨레출판, 2011), 49쪽에서 재인용.

김수현

동학개미,
어떻게
볼 것인가

배세진

배세진   현대 프랑스 철학 연구자이자 번역가이다. 문화연구의 틀 내에서 루이 알튀세르, 미셸 푸코, 에티엔 발리바르, 자크 비데의 철학을 연구하며 번역하고 있다. 루이 알튀세르의『검은 소』와『무엇을 할 것인가?』, 에티엔 발리바르의『마르크스의 철학』과『역사유물론 연구』, 자크 비데의『마르크스의 생명정치학』과『마르크스와 함께 푸코를』(근간)을 한국어로 옮겼다.

[주요어] #금융화 #주식투자 #화폐란무엇인가
[분류] 철학 > 현대프랑스철학

"노동자들이 자신들의 노동이 아니라
주식투자를 통해, 소액주주의 자격으로
자본의 '파트너'가 됨으로써
돈을 벌 수 있다면,
모두가 노동하지 않아도 되는
행복한 세상이 도래하게 될까?
그렇지 않다.
화폐를 창출하는 것은 노동이기 때문이다."

신자유주의적 금융화를 불평등이라는 키워드를 통해 분석하고 비판한 토마 피케티의 역작 『21세기 자본』이 2014년 한국에 상륙했다. 나는 주식투자에 몰입해 있는 '동학개미' 친구들 집의 책장에서 이 책을 한두 번 마주친 것이 아닌데, 그로 인해 물꼬를 튼 대화에서 확인하게 된 바는 이들이 자본소득 추구의 필요 불가결성과 투자 실천의 정당성에 대한 경제학적, 그러니까 과학적 근거를 이 저작에서 발견했다는 점이다. 이 저작이 입증한 바는 너무나 아이러니하게도 어제보다 더 나은 오늘을, 오늘보다 더 나은 내일을 위해서는 노동소득이 아니라 자본소득에 의지해야 한다는 것이다. 조롱 혹은 자조의 표현인 동학개미는 실은 현실에 대한 석학의 과학적 분석에 기반해 자신이 놓인 상황 속에서 최선의 행동을 하고 있는 것이다.

제러미 리프킨이 예언한 '노동의 종말'은 결국 노동소득에 대한 자본소득의 우위라는 모습으로 실현되었다. 산업혁명이자 근면혁명(industrious revolution)인 자본주의의 바탕인 프로테스탄티즘적 윤리는 노동의 종말과 함께 종언을 고했다. 오늘날에는 근면한 노동이 아니라 자본이 자본을 낳는다. 자본주의가 성숙할수록 자본은 추상화되어서 돈이 돈을 낳는 것처럼 현상하는 반면, 노동은 그 어떠한 연대도 가능하지 않을 만큼 잘게 쪼개진다.[1] 이러한 자본주의의 금융화 경향은 플랫폼 자본주의가 등장하면서 노동자라는 존재 자체가 사라지고, 그 자리를 '작은 사장님들', 자기 자신을 경영하는 주체인 일인 기업가들이 채우는 자본주

[1] 에티엔 발리바르, 서관모·최원 옮김, 『대중들의 공포』(도서출판b, 2007)의 3부 '마르크스주의에서의 이데올로기의 동요'에서 3장 '붙잡을 수 없는 프롤레타리아트' 참조. 마르크스의 『자본』 1권을 관통하는 핵심인 '자본에 의한 노동의 포섭' 테제를 발전시킨 '자본의 추상화와 노동의 구체성' 테제가 바로, 발리바르의 해석을 따르자면, 『자본』 1~3권 전체의 결론이다. 그러니까 자본이 금융화되고 노동이 파편화되는 것이 자본주의의 근본 경향인 것이다.

의의 궁핍화 경향과 동전의 양면을 이룬다.

　　노동자들에게 이미 일반화된 노동소득에 대한 자본소득의 우위라는 이 '상식'이 탄생시킨 동학개미, 그러니까 소액 주식투자자를 어떠한 관점에서 분석해야 할까? 나는 그 해답을 노동과 자본을 연결하는 고리인 화폐에서 찾아야 한다고 주장한다.

화폐는 신용이다: 포스트케인즈주의 화폐론

너무나도 자연스러운 다음의 상황을 조금만 삐딱하게 바라보면 어떨까? 구멍가게에 진열된 과자를 갖고 싶다. 나는 잉크로 뭐라뭐라 써 있을 뿐인, 실은 아무것도 아닌 종이 쪼가리를 구멍가게 주인에게 건넨다. 구멍가게 주인은 이 종이 쪼가리에 적혀 있는 숫자가 표상하는 값을 지니는 과자를 나에게 건네준다. 상품이라 하기에는 하등 쓸모없어 보이는 종이 쪼가리를 구멍가게의 물건과 교환하고서도, 그는 문제없다는 듯 경찰을 부르지 않는다.

　　합리성이 지배하고 있노라 자부하는 우리의 세계

는 이 형이상학적 행위 이후에도 아무 일 없다는 듯 평화롭게 유지된다. 외계인이, 아니 천진난만한 어린아이가 보았다면 낙서장으로도 못 쓸 이 몹쓸 종이 쪼가리의 오감 앞에서 "도대체 뭐 하는 거지?"라고 질문했을 테지만 말이다. 이렇게 화폐로 매개되는 교환활동이 얼마나 '비합리적'인지, 그러니까 형이상학적인지를 경제학이 아니라 인문학의 관점에서 설명해 보자.

이마무라 히토시는 『화폐 인문학』에서 인간은 타자와 직접적인 관계를 맺을 수 없다는 테제를 제시한다.[2] 인간은 언어든 감정이든 항상 어떤 매개를 통해 타자와 관계를 형성한다. 더 이상 분할 불가능한 개체로서의 개인은 서로 멀찍이 떨어져 있기 때문이다. 이 매개 중에서도 으뜸은 가장 물질적이라는 점에서 바로 화폐다. 이렇게 매개 역할을 하는 화폐가 바로 '믿음', 그러니까 경제학에서 말하는 바로 그 의미에서의 '신용'이다. 타자에 대한 믿음 없이 공동체의 형성은 불가능하므로, 우리는 인류 역사상 모든 사회에서 신용, 즉 화폐를 발견할 수 있다. 결국 인간에게 무매개적 관계

[2] 이마무라 히토시, 이성혁·이혜진 옮김, 『화폐 인문학: 괴테에서 데리다까지』(자음과모음, 2010).

란 환상이며 모든 관계 또는 구조는 믿음으로서의 화폐라는 매개를 통해 형성되고 유지된다는 것이다.

이와 같은 사유의 맥락에 놓여 있는 포스트케인즈주의에서 화폐의 정의는 "양도 가능 신용(transferable credit)"이다.[3] 이는 상품 교환에서 겪는 어려움을 해결하기 위해 화폐가 외부에서 인위적으로 도입되었다는 주류경제학의 '물물교환 신화'에 대한 비판이다. 국가든 공동체든 화폐는 필요에 의해 외부에서 도입되는 것이라고 보는 주류경제학과 달리, 포스트케인즈주의 화폐론의 핵심은 화폐가 경제단위들의 경제활동에 따라서 내생적으로 발생한다는 것이다. 즉 경제 내에 존재하는 화폐량은 노동자로 구성된 가계, 자본가로 구성된 기업, 중앙은행과 재무부로 구성된 정부가 펼치는 경제활동의 수준을 반영하여 결정된다. 박만섭은 이를 '화폐는 무로부터 창출된다.'라는 주류경제학의 눈에는 사변철학에서나 나올 법한 테제로 정식화한다. 화폐는 외부에서 주어진 것이 아니라, 경제활동의 규모에 맞춰 내생적으로 '갑툭튀' 한 것이다. 화폐의

---

[3] 펠릭스 마틴, 한상연 옮김, 『돈: 사회와 경제를 움직인 화폐의 역사』(문학동네, 2019)의 결론인 16장 '화폐는 사회적 기술이다'를 참조.

본질은 금, 쌀, 소금, 심지어 따개비와 같은 특정 물질이 아니라 나의 믿음, 신뢰, 신용을 주는 것이다. 경제활동의 주체들 사이에서 믿음의 교통(communication)이 이루어짐에 따라 신용이 거래되고 결국 그 필요만큼 화폐가 창출된다. 공동체 내에 믿음과 신뢰가 존재하는 한, 그러니까 결국 관계가 존재하는 한, 이 관계의 매개물로서의 화폐는 항상 그곳에 있다…….

'기업이', '은행이', '노동이'라는 세 경제주체에 관한 일화에 기대어 간단히 설명해 보자.[4] 태초에 은행이가 기업이의 계좌에 돈을 '꽂아' 주지 않는다면 경제활동은 이루어지지 않는다. 바꿔 말해 손으로 만질 수 있는 화폐가 존재하지 않더라도, 장부상으로 은행이가 기업이에게 돈을 빌려준다면 기업이는 노동이에게 임금을 지불할 수 있고, 이렇게 마법과도 같이 경제활동이 이루어진다. 현실에 돈이 없어도 괜찮다. 기업이가 은행이를 믿는다면, 노동이가 기업이를 믿는다면, 장

---

[4] 박만섭, 『포스트케인지언 내생화폐이론』(아카넷, 2020), 17~24쪽. 관심이 있는 독자들은 박만섭이 제시하는 이 흥미로운 삽화를 직접 독해해 보기를 바란다. 책의 본문은 이 삽화의 의미를 경제학적으로 치밀하게 탐구해 보는 시도다.

배세진

부에 뭐라뭐라 써 주기만 해도, 경제활동은 문제없이 이루어진다.

　　이러한 포스트케인즈주의 화폐론의 결론은 실물과 금융을 근본적으로 구분하려는 시도가 무망하다는 것이다. 실물경제 차원의 노동소득과 금융경제 차원의 자본소득을 이원론적으로 사고하는 것 또한 오류다. 노동소득이 점점 사소해지면서 노동자의 경제활동이 수축되고 이들이 모두 자본가가 되어 각종 투기 수단을 통해 잘 먹고 잘 살 수 있다는 주장은 성립되지 않는다. 실물경제가 뒷받침되지 않는 금융경제는 '거품경제'다.(그래서 존 메이너드 케인즈는 '금리생활자의 안락사'를 주장했다.) 그렇지만 실물과 금융을 분간할 수 없는 자본주의 경제에서 이른바 '동학개미' 노동자가 공급하는 '쌈짓돈'으로 주식시장이 활성화된다면, 그것도 결국 우리 경제를 위해 요긴한 것 아닌가? 실물과 금융이 분간할 수 없는 것이라면, 노동자는 금융투자가 아니라 자신의 일터에서 묵묵히 상품을 생산해야 한다는 주장은 기껏해야 '인생에서 요행을 바라지 말고 근면히 일하라.'라는 과거의 도덕 담론에 불과한 것 아닌가?

포스트케인즈주의는 화폐가 경제활동 수준의 반영이라는 이해 아래 재무부와 중앙은행으로 대표되는 국가가 경제위기에 어떠한 정책을 펼쳐야 하는지에 대해서는 이야기해 주지만, 경제활동 안에서 노동과 자본이, 노동자와 자본가가 대립하고 있다는 점에 대해서는 침묵한다. 마치 국가는 이 경제활동을 모두의 행복을 위해 중립적으로 보살핀다는 듯, 그 안에는 대립과 반목이 없다는 듯, 결국 노동자든 자본가든 상관없이 경제활동이 활성화되면 그만이라는 듯. 그렇다면 나머지 절반의 진실은 어디에 있는 것일까?

화폐는 권력이다:
마르크스주의 화폐론

마르크스는 『21세기 자본』의 이른바 롤 모델이라고 할 수 있는 『자본』 1권에서 '희귀한 철학적 단편'을 외삽한다. 바로 인문사회과학 내에서 현재까지도 널리 연구되고 있는 페티시즘, 즉 물신숭배에 관한 대목이다.

상품형태의 신비성은 단지 다음과 같은 점에 있다.

즉 상품형태는 인간들에게 인간 자신의 노동이 갖는 사회적 성격을 노동생산물 그 자체의 대상적 성격인 양 또는 이 물적 존재들의 천부적인 사회적 속성인 양 보이게 만들며, 따라서 총노동에 대한 생산자들의 사회적 관계도 생산자들 외부에 존재하는 갖가지 대상의 사회적 관계인 양 보이게 만든다. 이러한 착시 현상을 통하여 노동생산물은 상품, 즉 감각적이면서 동시에 초감각적이기도 한 물적 존재 또는 사회적인 물적 존재가 된다. (……) 반면 상품형태나 이 상품형태가 나타내는 노동생산물 간의 가치관계는 노동생산물의 물리적인 성질이나 거기에서 생겨나는 물적 관계와는 전혀 상관이 없다. 그것은 인간 자신들의 일정한 사회적 관계일 뿐이며 여기에서 그 관계가 사람들 눈에는 물체와 물체 사이의 관계라는 환상적인 형태를 취하게 된다.[5]

마르크스에게서 물신숭배는 물화(réification)로서의 물신숭배와 허상(illusion)으로서의 물신숭배 사이

[5] 카를 마르크스, 강신준 옮김, 『자본』 1-1(길, 2008), 134~135쪽.

의 결합이다.[6] 물신숭배의 중심 주제는 이 물화와 허상으로 인한 전도(renversement), 그러니까 각각 존재와 인식에서의 전도라는 이중성인데, 그래서 마르크스의 물신숭배 설명에서 가장 핵심이 되는 관념이 바로 저 인용된 문장들을 집약하는 테제인 "인격들 사이의 관계들이 사물들 사이의 관계들로 전도된다."이다. 앞에서 살펴본 구멍가게 삽화에서처럼 존재와 인식에서의 전도로 인해 사람들은 자신들이 마치 형이상학자인 양 행동하고, 역으로 이 행동들이 모이고 모여 모든 것이 거꾸로인 지금 우리가 살고 있는 이 세계를 형성하고 유지한다.

모든 것이 뒤집힌 이 세계에서 사람들은 돈이라는 물신을 숭배한다. 그런데 이는 사람들이 흔히 말하듯 '돈만 아는 수전노가 된다'는 의미에서의 물신숭배가 전혀 아니다. 아리스토텔레스 이래로 우리는 상품이 사용가치와 교환가치를 마치 동전의 양면같이 동시에

---

[6] 이 단락에서 마르크스의 물신숭배론에 관한 설명은 프랑스 철학자 자크 비데의 「'자본' 1권 1편 1장 4절의 '상품물신숭배론'에 관하여」(배세진 옮김, 웹진 《인무브》, 2020, (https://en-movement.net/295))에 의거한다.

배세진

지니고 있다고 간주하는데, 마르크스는 이 논의를 이어받아 인간의 노동이 사용가치를 생산하는 구체적 노동이자 동시에 (교환)가치를 생산하는 추상적 노동이라고 주장했다. 구체적 노동은 다른 노동들과 질적으로 구별되는 개별 노동이지만, 추상적 노동은 모든 구체적 특질들이 추상화되어 양적으로만, 특히 시계로만 측정되는 노동이다. 청소노동자가 수행한 한 시간의 노동은 대학교수가 수행한 한 시간의 노동과 양적으로는 동일하다. 이것이 '노동의 추상화'인데, 중요한 것은 이 추상화된 노동이 가치를 인정받기 위해서는 사회적으로 인정받아야 한다는 점이다.[7] 한 사회가 청소노동자의 노동에 얼마의 가격을 부여하고 대학교수의 노동에 그보다 몇 배의 가격을 부여해 각기 차등적인 임금을 지급하는 것은 '나'의 노동이 그만큼 사회적으로 인정받았다는 점을 뜻한다. 사회적 인정을 통해 나의 노동이 가격을 부여받음으로써 관계와 구조를 형성하

[7] 노동의 추상화와 노동의 사회화라는 이중적 테제는 러시아의 마르크스주의 경제학자 아이작 일리치 루빈(Isaac Illich Roubin)이 자신의 저서 『마르크스의 가치론』(이론과 실천, 1989)에서 제시한 것으로, 아래의 설명은 이 루빈의 테제에서부터 출발한다.

는 것, 이러한 존재와 인식에서의 전도로 인해 오히려 내가 이 관계와 구조, 즉 권력의 지배를 받는 것이 바로 물신숭배가 작동하는 방식이다. 시장을 통해 작동하는 사회구조가 사회 내에서 생산된 총가치에 물신숭배적 권력을 행사함으로써 청소노동자에게는 매우 조금, 대학교수에게는 매우 많이, 분배하는 것이다.[8]

이 마르크스적 물신숭배 개념의 의미를 이렇게 노동의 추상화와 노동의 사회화의 이중 메커니즘을 통해 확장하면, 이제 화폐가 지니는 권력에 대해 말할 수 있다.[9] 엄마의 가사노동은 가사도우미의 가사노동과 질적으로 동일한 구체적 노동인데, 엄마의 가사노동에는 아무런 가치가 부여되지 않지만 가사도우미의 가사노동에는 시장이 설정한 가치가 부여되는 상황이 있다. 이러한 차이를 만드는 것이 물신숭배적 권력이다.

[8] 눈 밝은 독자라면 여기까지 내가 가치와 가격을 혼용하고 있다는 점을 인지했을 것이다. 아쉽게도 이 둘을 구분하는 것은 너무나 복잡한 논의를 뒤따르게 하므로 여기에서는 생략하자.
[9] 어쩌면 마르크스의 물신숭배론은 화폐의 권력을 타임머신을 타고서 푸코적으로 탐구한 결과라고 보아도 무방하다. 마르크스의 물신숭배론은 '관계론적 화폐론'이다. 푸코의 관계론적 권력론과 마르크스의 물신숭배론 사이의 관계를 나는 나의 박사학위 청구논문인 『푸코-마르크스주의와 화폐: 노동-가치, 물신숭배, 권력관계 그리고 주체화』에서 다룬 바 있다.

배세진

청소노동자와 대학교수 사이의 임금격차를 만드는 것은 물신숭배에 빠진 우리의 눈에 보이는 바와는 달리 노동의 질적 차이 때문이 아니다. 그것은 사회구조 내 시장이 행사하는 물신숭배적 권력이 대학교수의 노동에 더 높은 가치와 가격을 부여하기 때문이다. 엄마의 가사노동이 시장에 의해 아무런 가치와 가격을 부여받지 않는다는 사태에 물신숭배적 권력이 작동하고 있고, 이것이 페미니즘적 권력투쟁의 대상이 될 수 있다. 마찬가지로 동일한 한 시간의 노동임에도 육체노동보다 지식노동을 더 중시하는 사회구조에 의해 청소노동자와 대학교수 간에 존재하는 임금격차는 사회투쟁의 대상이 될 수 있다.

이처럼 마르크스 경제학은 경제활동이라는 애매모호한 표현 대신 특정한 사회구조(저 유명한 '사회구성체') 속 특정한 생산관계 내에서 노동에 의한 상품의 생산을 사유함으로써 화폐의 근본까지 나아간다. 경제활동에 의해서 화폐가 내생적으로 발생한다는 것은, 마르크스주의의 관점에서 재화든 용역이든 상품을 생산하는 노동자의 생산적 노동이 화폐를 창출한다는 것과 동일한 말이다. 그렇기 때문에 화폐는 노동을 '표상'

한다. 한 사회의 총화폐량은 한 사회의 총노동시간의 수준을 반영해 결정된다. 화폐는 노동으로부터 창출된다. 이제 화폐는 경제학적 대상으로 한정되지 않는다. 화폐는 개인이 자신의 노동으로 시장을 거쳐 사회와 관계 맺기 위한 매개이자, 물신숭배적인 방식으로 작동하는 권력이다.

화폐에게 권력을 넘기지 않으려면

노동하는 개인으로서의 '나'는 나의 노동을 통해 타자와, 더 나아가 세계와 관계 맺는다. 그런데 이러한 관계 맺음의 매개인 '나의 노동'은 내가 생산한 노동생산물로서의 상품, 더 나아가 화폐이며, 이 화폐가 나의 존재와 인식을 거꾸로 뒤집어 지배하고 세계 또한 거꾸로 뒤집힌 모습으로 형성하고 유지한다. 이것이 바로 화폐의 물신숭배적 권력이다. 화폐는 주식이라는 투자를 통해서든 심지어 도둑질을 통해서든 더 많이 가져오면 그만인 어떤 고정된 외부의 물체가 아니다. 그 권력이 우리에게 시사하듯, 화폐는 노동으로 형성된 관계 그 자체다.

배세진

노동자들이 자신들의 노동이 아니라 주식투자를 통해, 소액주주의 자격으로 자본의 '파트너'가 됨으로써 돈을 벌 수 있다면 모두가 노동하지 않아도 되는 행복한 세상이 도래하게 될까? 그렇지 않다. 화폐를 창출하는 것은 노동이기 때문이다. '쥐꼬리'라는 표현이 드러내듯 노동소득이 없느니만 못한 수준으로 전락해도 노동이 화폐를 만든다는 점은, 그러니까 결국 자본이 아니라 노동이 사회의 근간이라는 점은 변하지 않는다.

정치철학에서는 권력과 권리를 외연이 동일한 범주로 간주한다. 노동소득보다 자본소득이 우위에 선다는 것은 노동자의 권리는 점점 축소되고 자본가의 권리는 점점 확대된다는 의미다. 노동자는 일터에서 힘을 잃을 뿐 아니라 적절한 임금 수준조차 지켜 내지 못하게 되면서 '이렇게 일할 바에는 주식투자로 돈을 벌겠다.'라는 생각을 하게 된다. 그런데 앞서 말했듯 화폐는 권력이다. 더 많은 화폐를 소유한다는 것은 단순히 내가 돈을 더 많이 벌었다는 점을 넘어 사회적 권력을 더 많이 소유하게 됨을 의미한다. 결국 노동소득보다 자본소득이 우위에 설수록 사회적으로 노동자 집단

(플랫폼노동에서 여실히 드러나듯 점점 파편화되고 노동이 아닌 것으로 간주되어 하나의 집단으로조차 더 이상 보이지 않게 된다.)보다 자본가 집단(금융의 모습으로 점점 추상화되어 노동자가 맞서 싸울 수 있는 구체적인 하나의 실체로 더 이상 보이지 않게 된다.)의 권력이 더욱 강해진다. 이 과정은 (우리가 체감하듯) 더욱 빠르게 진행된다.

철학자 에티엔 발리바르는 권리를 향유하는 것은 개인이지만 그 권리의 쟁취는 항상 집단적 운동을 통해서만 이루어져 왔다고 갈파한 바 있다. 내가 노동자의 주식투자에 제동을 거는 것은 '땀 흘려 노동해 번 돈이 정직하고 선한 것'이라는 도덕주의적 비판도 아니고, 노동자가 비대칭적 정보 권력관계 속에서 주식투자에 성공할 가능성이 낮아 '패가망신'할 수 있으니 '헛꿈' 꾸지 말라는 조언도 아니다. 너무 힘들다는 문자를 남기고 과로사한 택배노동자, 비닐하우스에서 처참하게 죽어간 이주노동자, 코로나19로 실직한 뒤 생활고로 극단적 선택을 한 항공사 승무원. 바닥으로 떨어진 노동의 권리와 오늘도 사상 최고치를 기록하는 코스피 지수는 화폐라는 매개를 통해 연결되어 있다. 노동자가 주식을 함으로써 자본의 파트너가 되면 자

배세진

본의 입장에서 생각하게 된다는 것만이 문제가 아니다.[10] 내가 나의 소득을 주식에 넣는 만큼, 그러니까 동학개미가 힘을 모아 주식시장을 부양하는 그 화폐의 양만큼 노동자는 자신의 권리를 자본에 양도하게 되고, 노동자가 노동을 통해 정당한 임금을 받아 낼 수 있는 힘, 일터에서 자본가의 부당한 폭력에 저항할 힘은 줄어든다. 도덕주의적 관점에서가 아니라 경제학적, 정치철학적인 관점에서 내가 주식에 넣은 돈만큼 노동자로서의 내 권리가 줄어든다. 이것은 화폐를 매개로 하나의 논리와 관계 속에서 이루어지고 있다.

관계로서의 화폐는 과학적으로 사고해야 한다. 즉 주류경제학을 넘어 포스트케인즈주의나 마르크스주의와 같은 비주류경제학의 관점에서, 나아가 비주류경제학과 창조적으로 대화할 수 있는 화폐인문학과 화폐인류학의 관점에서, 마지막으로 우리의 세계를 변화시키기 위해 필요한 권력을 연구하는 정치철학의 관점에서 관계로서의 화폐를 고찰해야 한다.

[10] 물론 이 또한 중요한 분석 지점이다. 이에 대한 좋은 분석으로는 시사평론가 김민하의 「주식투자의 시대」를 참조하라.

젊은
플랫폼노동자의
초상

조해언

조해언 서강대학교 사회학과를 졸업하고 현재 같은 대학원 석사과정에 재학 중이다. 2018년 배달 '라이더'와의 만남을 계기로 플랫폼노동을 공부하게 되었다. 새로운 노동 현장의 즉각적인 변화에 관심이 많다. 현장을 섬세히 관찰하고, 일하는 이들의 내밀한 이야기를 주의 깊게 듣는 것, 내가 가장 중요하게 생각하는 나의 '일'이다.

[주요어] #자투리노동 #플랫폼자본주의 #노동경험
[분류] 사회학 > 노동사회학

"일반 아르바이트의 경우에는
사업주가 사전에 규정하고
노동자와 합의한 제반 조건에 의해
노동 경험이 비교적 단일하게 형성된다.
그러나 디지털 관리 시스템하에
불특정 다수에게 열려 있는
플랫폼노동 일자리의 경우에는 그렇지 않다.
만약 이들을 단일한 노동 경험을 공유하는
하나의 노동자 집단으로 전제한다면
플랫폼노동의 '나쁜 일자리' 문제를
근본적으로 해결할 수 없다."

'로켓배송'이 모여들고 나가는 곳. 쿠팡 물류센터는 거대한 플랫폼이다. 24시간 가동하는 물류센터를 바쁘게 드나드는 것은 상품만이 아니다. 주간, 오후, 심야 세 시간대로 나뉘어 수천 명의 사람들이 오고 간다.

쿠팡의 물류센터를 움직이는 사람들의 규모는 지난 2020년 5월 '부천 신선센터 코로나19 집단감염 사건'으로 인해 처음 밝혀졌다. 당시 부천 신선센터에서 근무 중이던 노동자는 약 1600명이었다.[1] 한 물류센터에서 동시에 근무하는 노동자의 인원을 1000명 정도로 어림잡아 계산하더라도 총 168개의 물류센터에

[1] 쿠팡발코로나피해대책위원회, 「쿠팡 노동자 인권실태조사 보고서」, 2020년 10월 28일.

서 하루 평균 16만 명 이상이 쿠팡에 노동력을 제공하고 있는 셈이다. 이들 중 97퍼센트는 비정규직 또는 단기직(일용직) 사원이다. 서울 종로구의 전체 인구가 약 15만 명 정도다. 쿠팡은 어떻게 매일 이만큼의 인력을 동원할 수 있을까?

2020년 5월 쿠팡 인천 물류센터에서 50세 남성 노동자가 급성 심근경색으로 사망했다. 이후 8개월 동안 모두 다섯 명의 노동자가 사망했다. 다른 지병은 없었던 것으로 확인되었다. 2021년 2월 9일, 근로복지공단은 칠곡 쿠팡 물류센터에서 사망한 20대 노동자의 죽음에 쿠팡의 책임이 있음을 알렸다. '과도한 업무로 인한 산업재해'가 인정된 것이다. 쿠팡은 '근로자들이 안전한 환경에서 일할 수 있는 여건을 만드는 데 최선을 다할 것'을 약속했다. 그러나 물류센터는 멈추지 않았고 쿠팡 물류센터 노동자들의 익명 단톡방에서는 이런 말이 나오기 시작했다. "이번 주 야간 2일 했더니 출확(출근 확인 문자) 안 주네요……." 일할 사람은 많았다. 주 5일 이상 야간 근무를 했던 고인의 '살인적인 근무 일정'이 문제의 원인으로 지목되자, 쿠팡은 노동자들의 세 번째 근무 신청을 반려했다. 그 빈자리는 "7만 원짜리 향수가 사고 싶어서" 오늘 하룻밤 잠시 쿠팡을 찾은 이가 메운다. 이들은 왜, 그리고 어떻게 쿠팡에서 일하고 있을까?

거대한 플랫폼에서
노동을 선택하거나 선택당하기

쿠팡의 물류센터는 택배회사와 대형마트가 결합된 구조다. 상품의 입고에서 재고 관리, 출고에 이르는 공정을 쉼 없이 가동해야 한다. 이를 감당하기 위해 쿠팡이 선택한 방법은 물류센터를 사회의 유휴 인력들이 자유로이 오갈 수 있는 승강장, 그러니까 플랫폼으로 만드는 것이었다.

플랫폼노동은 후기 산업 자본주의 사회의 특징인 유연하고 불완전한 일자리의 증가 현상의 연장선에 있다. 한국노동연구원에서는 디지털 플랫폼을 "재화와 서비스(노동)가 교환되는 구조화된 디지털 공간이며, 여기서 거래되는 서비스가 플랫폼노동"이라 정의했다.[2] 이렇게 '플랫폼'을 디지털 공간으로 본다면 쿠팡 물류센터 노동자들은 '쿠팡이츠'와 '대리주부' 애플리

케이션의 배달 라이더, 가사노동자와는 달리 플랫폼노동'의 범주에 포함되지 않는다.[2] 하지만 한국노동연구원에서 지적한 플랫폼노동의 또다른 중요한 특징인 "플랫폼의 일거리가 불특정 다수에게 열려 있어야 한다"라는 점을 고려해 본다면, '쿠펀치'라는 앱을 통해 누구나 근무 신청을 할 수 있는 쿠팡 물류센터 노동도 플랫폼노동으로 분류하는 것이 자연스럽다. 이 글에서 나는 디지털 노동 관리 시스템을 통한 유연성의 극대화를 핵심으로 하는 노동 전체를 플랫폼노동으로 간주한다. 다양한 현장의 일반적 특징을 포착하는 개념이 전제되어야 새롭게 등장한 노동 문제를 풀어 나갈 수 있다고 생각하기 때문이다.

쿠팡은 물류센터의 업무를 세분화하여 가장 단순한 반복 작업의 집합으로 노동 과정을 재편했다. 새로운 인력이 별도의 교육 없이 현장에 바로 투입될 수 있도록, 숙련이 필요한 영역은 모두 자동화된 시스템이 흡수했다. 덕분에 누구나 하루 만에 적응 가능한 '꿀알바'라는 소문이 퍼졌다. 돈이 필요할 때 하루 전날 지

[2] 장지연, 「플랫폼노동자의 규모와 특징」, 《고용노동브리프》 제104호 (한국노동연구원, 2020년 11월호).

원해서 원하는 날, 원하는 시간에 '헬스장 다녀오는 느낌으로, 몸 좀 쓰고 오면 되는' 일. 쿠팡은 유연성을 앞세워 노동자의 선택을 강조한다.

그러나 일단 물류센터에 들어가면 능동적인 개인의 정체성은 지워진다. 원바코드라는 명칭의 여덟 자리 일련번호를 부여받고, PDA 단말기와 색색의 조끼를 입은 관리자의 지시에 반응하는 신체만 남는다. 업무 영역은 크게 입고, 출고, ICQA(재고관리), HUB(상하차) 네 가지로 나뉘는데, 각 영역 내 구체적인 일의 내용 또한 상당히 다양하다. 연구 참여자들 중 매번 같은 일만 했던 사람은 한 명도 없었다.

"출고에서는 쇼핑하는 것처럼 물건 가져오는 집품 해 봤고요, 카트에 토트(바구니)를 실어서 미는 것도 있고. 아, 포장 업무도 있다. 박스 포장, PB비닐 포장 다 달라요. 포장해서 송장 붙이고, 다시 레일에 태우는 거예요. 출고 리배치도 해 봤는데 그건 토트가 올라오면 토트를 포장 사원에게 주는 거……"[3]

[3] 2020년 12월 28일에서 2021년 1월 28일까지 약 두 달에 걸쳐 나는 열여섯 명의 쿠팡 물류센터 노동 경험자들을 만나 보았다. 인터뷰 모집 공고는 쿠팡 물류센터 노동자들의 카카오톡 오픈채팅방, 연구자

‘누구나 할 수 있겠다 싶은’ 이 단순 반복 작업의 효율을 최대한으로 끌어올리기 위해 쿠팡은 정교한 디지털 노동 관리 시스템을 설계했다. 대표적인 것은 UPH(Unit per Hour) 지수. 시간당 물류 처리량을 의미하는 UPH는 노동자의 생산성을 실시간으로 수량화하여 보여 준다.[4] 각 공정마다 UPH가 측정되는 방식은 다르지만, 입고 공정 기준으로 바코드로 물건을 찍고 제자리를 찾아 진열하면 UPH가 숫자 1만큼 올라간다. 그렇게 작은 물건은 200, 큰 물건은 100 정도를 채워야 관리자 호출의 두려움에서 벗어날 수 있다.

　“UPH가 낮으면 원바코드 부르고 중앙으로 내려오라고 해요. 딴 사람에 비해 수치가 너무 낮다고. 세 번 정도 불리면 팔려 가요.”

　맡은 일에서 충분한 효율을 내지 못하는 노동자는

SNS, 서울 4년제 모 대학 커뮤니티를 통해 이루어졌다. 한 명당 짧게는 60분, 최대 120분의 시간 동안 심층 인터뷰를 진행했다. 이하 직접 인용은 모두 인터뷰에서 따온 것이다.

[4] Ranganathan, A. & Benson, A., "A Numbers Game: Quantification of Work, Auto-Gamification, and Worker Productivity", *American Sociological Review*, 85(4)(2020), pp. 573~609.

　　　　　　　　조해언

'팔려 간다.' 근무 지원 당시 신청했던 공정과는 전혀 다른 곳에 임의로 재배치되는 것이다. UPH 하위 다섯 명 안에 들면 경고를 받는다. 철저한 상대 평가다. 낮은 UPH 지수에 대한 제제만 있는 것이 아니라, 높은 UPH에 대한 인센티브도 있다. 쿠팡은 '인센티브 있는 날'을 문자로 공지하고 달성 UPH에 따라 최소 3000원, 최대 1만 원에 이르는 현금 보상을 했다. UPH는 각 노동자에게 지급되는 전자 단말기의 화면에서 직접 실시간으로 확인할 수 있다. 잠깐이라도 일을 멈추면 수치가 순식간에 떨어진다. 관리자 또한 창고 중앙의 큰 디지털 화면에서 이 숫자를 보고 있다. 현장 구석구석을 눈으로 직접 살피지 않아도 누가 놀고 있는지 바로 확인할 수 있다. 정해진 식사 시간 외, 노동자들이 쉬어도 되는 순간은 없다. 많은 노동자들은 스스로를 체력적 극한의 상태로 밀어 넣는다. 물류센터 노동자가 돌연사하는 결정적 원인으로 지목된 이 UPH는 2021년 2월 산재 인정 후 노동자들의 전자 단말기에서 갑자기 사라졌다. 그러나 관리자들은 여전히 UPH를 확인할 수 있다는 것을 모두가 안다. 이제 생산성에 대한 압박은 더욱 실체가 모호한 두려움이 되었다.

플랫폼이 설계한 작업장에서 노동자가 선택할 수 있는 것은 오직 하나뿐이다. 주간, 오후, 야간 세 개의 조 중에서 언제 일할지를 결정하는 것.(물론 출근 확인을 받지 못한다면 그 선택은 무효다.) 출근 셔틀버스에 오르는 순간부터 업무를 마치고 내릴 때까지 여덟 자리 바코드의 존재에 대한 관리자의 통제와 감시는 디지털 신호와 반응에 따라 이루어진다. 그런데 노동자들이 통제와 감시 장치를 해석하는 방식은 이들의 노동 참여 동기에 따라 달라진다. 이 차이를 이해하기 위해 두 젊은 물류노동자의 이야기를 들어 보자.[5] 두 사람의 차이를 이해함으로써 플랫폼노동의 문제가 무엇인지, 그 해결이 왜 어려운지에 대해서도 알 수 있을 것이다.

"용돈벌이 하러 가요"

서울 시내 한 4년제 대학에 재학 중인 25세 지훈은 방

---

[5] 아래 등장하는 '지훈'과 '은지'는 확연히 다른 노동 동기를 가진 연구 참여자들의 전형적인 속성을 재조합하여 만들어 낸 가상의 인물이다. 이 아이디어는 소준철, 『가난의 문법』(푸른숲, 2020)의 서술 방식에서 빌려 온 것임을 밝혀 둔다.

조해언

학이 되면 쿠팡을 찾는다. 저번 방학에는 친구들과의 "제주도 여행 자금을 모으기 위해" 일주일에 네 번 정도 일했다. 그렇게 일하고 나면 30만 원 내외의 돈을 벌 수 있다. 한 번에 일곱 시간씩 일주일에 두 번 이상 하면 주휴수당도 따로 준다. 이번 방학에는 "헬스장 회원권을 마련하려고" 일을 했다. 학교를 다니면서도 주말을 앞둔 날이면 가끔 간다. 집에서 받는 "용돈만으로는 데이트 비용을 충당하기가 살짝 아쉬울 때", 쿠팡은 좋은 수단이 된다. 그의 노동 목적은 즉각적이고 구체적인 소비를 위한 자금 확보에 있다.

그는 쿠팡이 강조하는 유연성을 적극적으로 받아들이고 선택하는 주체다. 언제든 일할 수 있다는 사실은 다른 아르바이트와 뚜렷하게 구별되는 장점이다. 바꿔 말하면 언제든 안 해도 된다는 것. 본래의 일상을 안정적으로 유지하면서도 잉여 시간을 경제적으로 활용하여 소비 자금을 확보할 수 있는 "꿀" 같은 일이다. 그는 본인 노동의 가치를 판단하는 분명한 기준을 갖고 있다.

"제가 향수가 갖고 싶어서 일을 했는데, 그게 7만 원

이었어요. 하루 일 하면 살 수 있는 거니까……. 돈
의 기준이 거기 맞춰져요. 내가 사고 싶은 물건에 기
준이 맞춰지는 거예요."

당장 다음 날 입금되는 돈을 받고 나면 모든 책임
에서 자유로워질 수 있다. 그렇기에 그는 일이 '게임
같다'고 말한다. 그에게 PDA 단말기는 일을 편리하게
수행할 수 있도록 도와주는 중요한 조력자며, UPH 지
수는 게임의 퀘스트 같은 것이다. 또한 그는 '칼같이
깔끔하게 들어오는 급여'를 굉장히 중요하게 여기며,
이를 다른 알바와 차별화되는 쿠팡의 '최고 장점'이라
말한다. 퀘스트를 완료한 플레이어에 대한 즉각적인
보상은 게임의 핵심이기 때문이다.

게임과도 같은 노동 현장. 지훈이 경험하는 현장
에 보통의 노동 현장에 존재하는 위계라는 요소는 선
명하게 드러나지 않는다. 그는 관리자가 주는 UPH 압
박은 있지만, 그 말을 꼭 들어야 할 필요는 느끼지 못
한다고 했다. 만약 마찰이 생겨도 내일 '안 나오면 그
만'이다. 그래서 몸은 힘들어도 정신적인 스트레스는
거의 없다.

　　　　　　　　조해언

"관리자요? 형광색 조끼 입고 다니는데, 걔들이 주는 위압감이 하나도 없어요. 물량 밀리면 빨리빨리 가라고 하는데, 그래도 저는 천천히 걸었어요. 그 사람들이 직접 저에게 면전에 대고 욕을 해도 딱히 피해 받는 건 없었어요."

물류센터에서의 노동을 '선택'하는 지훈은 일을 하는 과정에서도 소비자로서의 정체성을 잃지 않는다. 노동 현장에서 개선되어야 할 점이 무엇인가를 묻는 나의 질문에 그는 다음과 같이 답했다.

"일하는 사람들이 물건을 너무 던져요. 아, 그리고 박스가 너무 더럽고……. '파손주의'라고 적혀 있는 건 좀 조심히 던져야 할 텐데. 쿠팡 시켜서 받아 보면 이것도 그렇게 던졌겠구나 싶고……."

지훈에게 이 일은 참 쉽다. 수능 공부 때문에 힘들었던 지난 시간을 떠올리며 "공부 안 하고도 쿠팡 해서 먹고살 수 있겠구나."라고 여긴다. 물론 시험 기간에는 절대 근무 신청을 하지 않는다.

"이번 달 월세를 낼 수 있을까"

26세 은지는 월세 35만 원짜리 원룸텔에 산다. 집을 나와 혼자 산다는 것은 '숨 쉬는 것도 돈'이라는 뜻이다. 팬데믹 상황에서 흔한 편의점이나 카페 알바를 구하는 것도 어려워졌다. 그는 일상을 지탱하기 위해 '쿠팡을 뛰었다.' 생활비 100만 원을 벌기 위해서 일주일에 서너 번은 일을 해야 한다. 기본적인 생계유지를 위한 필수적인 일자리. 그는 '내일도 꼭 출근 확인을 받아야 한다'는 불안감에 종속된다.

쿠팡 물류센터 밖 일상은 사라진다. 주간 근무조(오전 8시~오후 5시)의 경우 보통 서울 시내에서 6시쯤 셔틀버스를 탄다. 셔틀버스 타는 곳이 멀리 있다면 집에서 새벽 5시 반쯤 나와야 한다. 연장 근무 공지가 뜨면 퇴근은 5시보다 더 늦어진다. 보통 30분에서 한 시간 정도 추가 근무를 한다. 연장 근무는 자유지만 셔틀버스가 연장 근무 끝나는 시간에 맞춰서 출발하기에 사실상 선택지는 없다. 집에 들어오면 저녁 8시. '하루 종일 10킬로미터 넘게 걸었'기에 이미 녹초가 되었다. 겨우 저녁을 먹고 한숨 돌리면 금방 자야 할 시간이 된

조해언

다. 밤 10시, 은지는 감사하게도 내일 주간조 '출근 확인' 문자를 받았다. 내일 새벽 또 집을 나서야 하는 그의 시간 속에 유연성이 선물하는 노동 외 일상과의 훌륭한 조화는 찾아볼 수 없다.

출근 신청이 반려되는 경우도 드물지 않다. 이 또한 오후 9~10시는 되어야 확인할 수 있다. '내일은 출근을 못 하는 구나' 생각하고 잠에 들었다. 다음 날 쿠팡은 갑자기 '자리가 생겼으니 출근 신청 하라'는 문자를 보낸다. 삶의 시간표는 쿠팡이 결정한다.

"문자로는 TO가 없다고 뜨다가, 밤에 연락 와서 '지금 자리가 생겼는데 올 거냐'고 물어봐요. 계약직 같은 건 근태 확인해서 뽑는 거라……. 거절할 수도 없고 그냥 '내일 나가야 하네' 싶은 거죠."

출근 반려를 거듭 경험하면 불안감은 증폭된다. 뚜렷한 원인을 알 수 없기에 더욱 그렇다. 따라서 일하는 동안 UPH 지수를 상당히 의식하게 되며, 관리자의 감시와 통제가 극심한 정신적 스트레스의 원인이 된다. 쿠팡의 정교한 노동 관리 시스템은 이 불안감을 집

요하게 파고든다. 은지는 쿠팡에서 쉬지 않고 움직이
며 UPH 숫자를 올린다.

질문: UPH 신경 많이 쓰세요?
"네 좀 많이. 그거 잘 안 나오면 불려 가요. 불려 갈
까 봐 열심히 일하게 되는 게 좀 커요. 그래서 최선
을 다해서 일하게 되는 것 같아요. 전 한 번도 안 불
려 가 봤어요.(웃음)"

물론 평생직장이라는 마음으로 충성을 다하는 것
은 아니다. '내일 출근할 수 있을까?' '언제 그만둘 수
있을까?' 하는 생각이 항상 함께한다. 그러나 일상이
소멸된 은지에게 이직을 위한 자기계발은 어려운 일이
다. 쿠팡 단기직은 경력도 되지 않는다. 미래는 캄캄하
지만, 당장 내일 하루를 버틸 수 있게 해 주는 쿠팡을
떠나지 못한다.

내가 선택할 수 있는 것

쿠팡 물류센터에는 오늘도 일하기를 선택한 청년들이

있다. 이들이 노동 경험을 보고하는 방식은 참여 동기에 따라 각기 다르다.

일반 아르바이트의 경우에는 사업주가 사전에 규정하고 노동자와 합의한 제반 조건에 의해 노동 경험이 비교적 단일하게 형성된다. 그러나 이 글에서 보았듯 디지털 관리 시스템하에 불특정 다수에게 열려 있는 플랫폼노동 일자리의 경우에는 그렇지 않다. 이들을 단일한 노동 경험을 공유하는 하나의 노동자 집단으로 전제한다면 플랫폼노동의 '나쁜 일자리' 문제를 근본적으로 해결할 수 없다. 일자리에 '지훈'보다 더 의존하는 '은지'가 노동 조건에 관해 문제를 제기하다가 밀려난다면, 같은 자리를 더 많은 '지훈'이 채울 것이기 때문이다.

인터뷰를 위해 만난 모든 이들은 말했다. "같이 일하는 사람들한테는 별 관심도 없"으며, "쿠팡에 대한 소속감"도 전혀 없다고. 일터에 대한 소속감도, 동료와의 유대감도 없이 디지털 신호에만 반응하는 물류센터의 풍경이다. 디지털 플랫폼 시대, 앞으로 이런 일자리는 얼마나 늘어날까? 모두 로봇이 대체하게 될까? 그럼 사람들은 전부 어디로 갈까? 한 노동자는 "다른 물류센터로 갈 것"이라 답했다. 결국 돈을 벌고 일을 해야 한다는 뜻이다. 우리는 그 속에서 어떻게 선택권을 가질 수 있을까?

조해언

노동자의 밤에
일어나는 일

최의연

최의연   주체화의 실천들과 공동체의 재구성을 푸코, 버틀러, 랑시에르의 이론을 경유해 탐구하는 데 관심이 있다. 「공간적 관점에서 본 랑시에르의 감성의 공동체: 미학적 헤테로토피아 개념을 중심으로」로 홍익대 미학과에서 석사 학위를 받았다. 현재 파리대학에서 정치철학을 전공하고 있다.

[주요어] #노동과작업 #프롤레타리아의밤 #프레카리아트

[분류] 철학 > 현대프랑스철학

"우리는 이미 항상 우리 사회 내에
잠재태로 존재하는 헤테로토피아와
이질적인 주체성들을 재활성화시키기 위한
시도를 계속해 나가야 한다.
어쩌면 지금, 여기서 글을 읽고
생각과 경험을 공유하며 무언가를 만들어 내는
우리의 노동-작업들이
훗날 디지털 아카이브 속에서
다시 호출될 것을 바라면서.
아니, 이미 호출되고 있다는 것을 떠올리면서."

프롤레타리아의 밤. 이 제목에서는 그 어떤 메타포도 보지 못할 것이다.[1]

『프롤레타리아의 밤』의 첫 문장은 이렇게 시작한다. 노동자들의 밤은 흔히 낮 동안의 노동으로부터 벗어나 잠깐의 휴식과 수면을 취할 수 있는 시간 혹은 다음 날의 노동을 준비하기 위한 재생산의 시간으로 생각된다. 그리고 밤은 빛이 사라진 어둠의 시간으로, 노동자들의 암담함, 비참함, 고갈, 죽음 등의 이미지를 떠올리게 한다. 그러나 랑시에르는 여기서 밤이라는

[1] 자크 랑시에르, 안준범 옮김, 『프롤레타리아의 밤: 노동자의 꿈 아카이브』(문학동네, 2021), 9쪽.

표현이 은유가 아니라 실제로 노동자들이 보낸 시간을 가리키는 것임을 강조한다.

그렇다면 휴식, 수면, 재생산에 바쳐지지 않은 노동자들의 밤, 피로와 절망으로 환원되지 않는 삶이란 무엇인가? 랑시에르에 따르면 프롤레타리아의 밤은 노동자들이 읽고, 사유하고, 글을 쓰고, 토론하며, 예술을 향유함으로써 노동 이외의 다른 삶을 누릴 수 있는 존재로 스스로를 상상하는 시간이다. 노동과 휴식, 낮과 밤의 '정상적' 연쇄로부터 이탈함으로써 세계를 전복하기를 꿈꾸는 시간이다. 따라서 '노동자의 꿈 아카이브'라는 이 책의 부제는 밤의 시간이 곧 노동자들이 꿈을 꾸었던 시간, 단순히 공상(rêve)하는 것이 아니라 희망(rêve)을 현실화하는 시간이었음을 잘 보여 준다.

불가능한 것이 준비되고 꿈꿔지며 이미 체험되는, 말하자면, 정상적 사태 진행이 감지되기 어렵고 공격적이지 않게 중단되는 밤. 육체 노동에 종사하는 이들을 사유의 특전을 누려 온 이들에게 종속시키는 전래의 위계를 중지시키는 밤. 공부의 밤, 도취의 밤.[2]

최의연

랑시에르는[2] 이 책을 출간하기까지 19세기 노동자들이 남긴 잡지, 소책자, 시, 편지 등 다양한 형태의 글을 아카이빙하는 작업에 수년간 매진했다고 알려져 있다. 랑시에르는 왜 철학이나 이론이 아닌 노동자들의 글을 찾아 나섰을까? 그는 왜 혁명의 주체로서 프롤레타리아가 아닌, 소위 공상적 사회주의자라 불리는 노동자들의 문서고를 파헤치기로 결심한 것일까?[3] 『프롤레타리아의 밤』이 랑시에르의 국가 박사학위 논문으로 그의 독자적인 사상의 출발을 알린 저서임을 고려한다면, 이러한 질문들은 이후 랑시에르의 사상적 여정을 이해하는 데에도 결정적이다.

[2] 자크 랑시에르, 앞의 책, 10쪽.
[3] 주지하다시피 프롤레타리아는 마르크스의 용어로, 자본주의 사회에서 생산 수단을 갖고 있지 않으며 오직 자신의 노동력을 판매하여 생활을 영위하는 임금 노동자 혹은 무산자 '계급'을 가리킨다. 유산계급인 부르주아지 및 타락한 하층민인 룸펜과 달리 프롤레타리아는 자기 계급의 해방과 계급 없는 사회의 창조를 역사적 사명으로 삼는 혁명적 주체로 간주된다. 반면 노동자는 자유로운 고용 계약을 통해 사용자에게 근로를 제공하고 그 대가로 임금을 지급받는 모든 '개인', 모든 일꾼을 가리키는 용어로서, 이 책에서 재조명되는 공상적 사회주의(socialisme utopique) 노동자들, 즉 생시몽주의자(saint-simonien), 푸리에주의자(fouriériste), 오언주의자(owenist) 등을 포괄한다.

노동자들의 침묵하는 목소리가
들리게 하는 글쓰기

랑시에르는 지적 사유의 초창기에 정체성/동일성(identité)에 대한 비판에서 발원해, 사르트르의 현상학적 렌즈를 통해 청년 마르크스의 저작들을 읽는다. 알튀세르와 만나면서 관점의 완전한 역전이 초래되었고, 정체성에 대한 비판은 주체에 대한 구조의 우위, 노동자에 대한 생산 관계의 우위의 형상으로 나타나게 된다. 하지만 랑시에르는 후에 그 결과물이 『자본 읽기』(1965)로 출간될 알튀세르의 자본 세미나에 참여하면서 알튀세르와의 사상적 간극을 깨닫고, 그 간극을 파고들기 시작한다.[4]

알튀세르의 인간 및 주체에 대한 비판에서 랑시에르가 발견한 것은 무엇보다 스스로 사유할 수 있는 능력을 갖지 못한 노동자들과, 사유를 자신들의 고유한 임무로 삼는 지식인들 사이의 위계, 즉 '지적인 불평등'

[4] Jacques Rancière, "Work, Identity, Subject", *Jacques Rancière and the Contemporary Scene: The Philosophy of Radical Equality*, Continuum, 2012, pp. 206~207.

이었다. 알튀세르는 허위 의식으로서 이데올로기의 지배하에 있는 대중을 마르크스주의 과학을 통해 착취에 대한 지식으로 인도해야 한다고 주장하는데, 랑시에르에게 이러한 주장은 스스로 사유하고 비판하며, 이를 통해 역사를 전화시킬 수 있는 역량을 대중으로부터 박탈하는 것이나 마찬가지였다.[5] 그리고 자본 세미나 이후 얼마 지나지 않아 발발한 68혁명은 알튀세르에 대한 이론적 차원에서의 비판이 실천적 차원에서도 정당성을 갖는다는 것을 확인시켜 주었다. 이러한 배경에서 랑시에르는 1974년 『알튀세르의 교훈』이라는 책을 출간하며 그와 돌이킬 수 없는 결별을 선언하고, '무지하고 무능한 노동자'에 대한 반증을 찾아 노동자들의 문서고로 향한다.

그런데 이렇게 탄생한 『프롤레타리아의 밤』에는 또 하나 주목할 만한 점이 있다. 그것은 바로 랑시에르가 노동자들의 말과 글을 옮길 때에도 노동자들을 대신하거나 대표하는 지식인의 위치를 경계하면서 아주 독특한 글쓰기 방식을 도입했다는 점이다. 그는 낮과

[5] 박기순, 「알튀세르와 랑시에르」, 《시대와 철학》, 21권 3호(2010), 191~192쪽.

밤이라는 자연적 질서를 포함해 아주 명증하게 보이는 분할들까지 의문에 부친 노동자들의 말과 글을 전통적이고 학술적인 글쓰기의 관습과 규칙에 따라 옮기기를 거부했다. 지적 작업의 자연적 분할들, 즉 분과 학문들 사이의 분할, 사실과 해석 사이의 분할 등을 따르는 대신 종종 애매모호하게 들리고 완전치 못한 것처럼 보이는 노동자들의 말들과, 때로는 서로 일치하고 때로는 상충하는 노동자들의 목소리가 스스로 '말하게' 했다.

랑시에르는 서문을 제외하고는 '나' 혹은 '우리'라는 주어를 쓰지 않음으로써 논의를 이끌고 요약하며 결론을 내리는 저자의 역할을 의도적으로 거부한다. 또한 명사문과 자유 간접 화법을 빈번하게 사용하면서 서술되는 내용이 노동자의 말인지 저자의 말인지를 모호하게 처리할 뿐 아니라, 노동자의 글을 인용한 후 그에 대한 동의문(同義文) 형태의 해설을 붙여서 말하는 자와 해설하는 자의 위계를 무너뜨린다. 그 결과 독자는 저자가 무언가를 묘사하고 있는 것인지 혹은 논증하고 있는 것인지, 주장하는 것인지 혹은 반대하는 것인지에 대해 갈피를 잡지 못하는 상태에서 노동자들의

최의연

글을 읽어 나가게 된다.[6]

　이와 더불어 랑시에르는 접속사의 사용을 최소화함으로써 원인과 결과 사이의 인과성이나 연속성을 확립하는 것을 피하고자 하는데, 왜냐하면 랑시에르에게 역사는 특정한 경제적, 정치적, 사회적, 인류학적 '원인들'이 예측 가능한 '결과들'을 초래한다는 방식으로 기록될 수 없는 것이기 때문이다. 따라서 이 책은 "철학자들을 위한 철학도 아니고, 역사가들을 위한 역사도 아닌" 것이 된다.[7] 다시 말해 그는 의미를 제공하는 전통적인 철학자의 지위나, 역사적 사실들을 재구성하는 역사가의 지위 혹은 개연성 있는 줄거리를 구성하는 소설가의 지위를 맡으려 하지 않았던 것이다. 그 결과 『프롤레타리아의 밤』은 역사학, 철학, 문학 그 어느 분과 학문 영역에서도 받아들여지지 않았으며 학술적으로 인정받지도 못했지만, 그 자체로 정치적인 저서

---

[6] Charles Ramond, *Jacques Rancière: L'égalité des intelligences*(Belin, Chapitre 4, 《Une thèse hors normes》, 《Les paroles dégelées》, 2019).

[7] Jacques Rancière, *La Méthode de l'égalité, entretien avec Laurent Jeanpierre et Dork Zabunyan*(Montrouge: Bayard, 2012), p. 54.

로 남게 되었다.[8]

노동, 고역이거나 작업

이러한 맥락에서 나는 랑시에르의 파편적이고 모호한 글쓰기가 의도한 바를 거슬러 각 장을 요약하고 전체적인 내용을 개괄하기보다는, 랑시에르의 저작을 이해할 수 있는 단서로 보이는 몇몇 주제들을 따라가 보고자 한다. 첫 번째 단서는 '노동'이라는 단어가 지니는 이중성을 무대화(mise en scène)하는 장면들이다. 우선 랑시에르가 다른 곳에서도 중요하게 언급하는 소목장 고니(Gauny)의 장면을 살펴보자. 고니는 마루판을 까는 고된 노동 속에서 그 집이 마치 자신의 것인 양 마음에 들어 하고, 또 어느새 창밖으로 펼쳐진 전망을 미적으로 향유하는 독특한 경험을 겪는다. 그리고 랑시에르는 이에 대해 다음과 같이 덧붙인다.

어떤 외관상의 소유. (……) 노동자가 자기 노동에

[8] Charles Ramond, Ibid.

최의연

대한 소유를 주장할 수 있는 것은 (……) 자신이 시간과 맺는 관계의 전복에서 우선적으로 생긴다. 자기 시간의 주인이 되는 것과 자기 공간에서의 고독.[9]

여기서 고니는 자신의 노동을 마치 작업처럼 묘사하는데, 이는 노동이 지닌 이중적 의미, 그러니까 고역으로서 노동(travail)과 작업으로서 노동(œuvre)을 잘 보여 준다. 고니는 노동하는 팔에 풍경을 즐기는 시선을, 진짜 소유에 외관상의 소유('마치 자신의 것인 양')를 대립시킴으로써 고역으로서의 노동의 논리에 작업으로서의 노동의 논리를 맞세운다. 이렇게 그는 일순간이나마 노동을 작업으로 바꾸고, 노동에 예속된 시간과 탈취된 공간을 다시 자기 것으로 만든다. 랑시에르에게 이러한 고니의 실천은 그 무엇보다 '정치적'인데, 이때 정치(politique)란 랑시에르 고유의 용법을 통해 이해되어야 한다.

랑시에르에게 정치란 시공간을 배치하는 '감성의

[9] 자크 랑시에르, 앞의 책, 116쪽.

분할'이자 그 안에서 각자에게 부여된 자리와 몫, 보이는 것과 보이지 않는 것, 이성적인 말로 들리는 것과 동물적인 소음으로 들리는 것을 나누는 '감각적인 것의 나눔'이나.[10] 다시 말해 정치란 개인을 주어진 사회적 조건에 고정시키고 동일시하는 치안의 논리와 불화(mésentente)하는 논리이자, 치안의 위계적 질서 내부의 균열을 드러내는 실천인 것이다.[11] 이러한 시각에서 보면 고니의 행위는 단어의 이중성을 둘러싸고 서로 대립하는 논리들 사이에서 출현하는 논쟁, 즉 불화를 무대화한다는 차원에서도 정치적일 뿐만 아니라, 감성의 분할(시공간)과 감각적인 것의 나눔(시선, 풍경)을 다시 짠다는 차원에서도 정치적이라고 할 수 있다.

[10] 여기서 감성의 분할/감각적인 것의 나눔은 불어 partage du sensible의 두 번역어다. 전자는 랑시에르의『감성의 분할』(도서출판b, 2008) 옮긴이인 오윤성이 제안한 역어이고, 후자는『정치적인 것의 가장자리에서』(길, 2008) 옮긴이인 양창렬이 제안한 역어다. 나는 part-age du sensible에 시공간이라는 '감성' 및 보고 듣는 것과 관계된 '감각'의 의미가 모두 있다고 판단해 이렇게 서술했다.
[11] 랑시에르는 그리스어 폴리테이아(politeia)가 치안(police)과 정치(politique)라는 두 가지 번역 용례를 가진다는 점에 착안해 일반적으로 통용되는 의미의 정치를 치안으로 부르고, 이에 대립하는 개념으로 정치라는 용어를 사용한다.

노동자는 지적이다

두 번째 단서는 노동/작업의 이중성과 긴밀한 연관 속에서 등장하는 노동자의 탈정체화 과정이다. 랑시에르는 '가죽 작업복을 입은 사람', '노동 군대', '노동 공화국'으로 상징되는 순수한 노동자의 모습을 해체하는 급진적인 사례들을 든다. 예컨대 랑시에르가 『프롤레타리아의 밤』의 구상에 모티브를 제공했다고 밝힌 생시몽주의 노동자의 편지는 5월의 어느 일요일에 동료들과 강가를 산책하며 형이상학에 대해 이야기하는 노동자의 모습을 보여 준다. 해방에 대한 관념이 곧 여가와 사유를 자기 것으로 만드는 일로 나타난 것이다.[12] 노동자들의 '진짜' 지옥은 고된 노동이 아니라, 부르주아적이라고 여겨지는 '가짜' 슬픔, 즉 문학 작품 등의 허구적 이야기 속 슬픔을 경험할 수 없다는 데에 있다.("아! 늙은 단테여, 진짜 지옥을, 시가 없는 지옥을 여행해 보지 못한 너에게 작별 인사를!"[13]) 그리고 노동자를 이 지옥으로부터 해방시키는 것은 "착취에 대한 인

[12] Jacques Rancière, "Work, Identity, Subject", p. 210.
[13] 자크 랑시에르, 앞의 책, 38쪽.

식이 아니라 자신들이 착취와는 다른 것을 향하도록 운명 지어져 있음을 드러내 주는 자아 인식"[14]이다. 이렇게 노동자는 '투쟁하는 프롤레타리아'라는 정체성에서 벗어난다.

그런데 랑시에르는 노동 운동의 역사에서 탈정체화의 과정만이 아니라, 노동자를 끊임없이 다시 특정한 정체성으로 환원하는 재정체화의 움직임들 역시 포착한다. 책의 2장에 등장하는 하인, 노동자 개인, 노동자 집단 사이에는 어떤 역설이 존재한다. 한편으로 노동자 개인은 하인과 달리 예속과 착취라는 노동 조건으로부터 벗어난 자유로운 삶을 추구하지만, 실업의 경우처럼 착취되지도 못하는 잉여 상태에 처하거나 스스로 장인이 되어 노동자를 착취한다. 다른 한편으로 프롤레타리아의 집단적 해방을 꿈꾸는 노동자 집단은 하인과 노동자 개인의 이기주의를 비판하면서도 부를 축적한 예외적인 개인의 저축 공여 및 집단에 대한 섬김을 통해 활동의 기반을 마련한다. 그리고 이들은 서로를 '게으름뱅이', '약탈자', '쁘띠 부르주아', '졸부',

[14] Ibid., pp. 41~42.

'궤변론자' 등의 명칭으로 낙인찍고 비난한다.

이처럼 규범적 정체성을 벗겨내면(탈정체화) 언제나 다른 정체성이 씌워지는(재정체화) 위험이 따른다는 점에서, 이제 랑시에르에게 문제가 되는 것은 정체성 형성의 수행적 차원[15]의 강조를 넘어 수행성의 중심에서 차이를 드러내는 것이다. 랑시에르는 『무지한 스승』(1987)에서야 비로소 누구나가 공통적으로 소유하는 지적인 역량이 곧 인간의 근원적인 평등을 입증한다는 '지적 평등'의 테제를 수립함으로써 노동자의 주체화 및 해방에 근거를 마련할 수 있었다고 회고하지만, 이러한 탈주체화의 부정적 방식을 포괄하는 적극적인 방식의 주체화 과정에 대한 사유는 『프롤레타리아의 밤』에서의 노동자들의 지능과 역량에 대한 고고학적 탐구를 통해서만 가능한 것이었다.

[15] 여기서 수행성(performativité)은 주디스 버틀러의 용법에 따라 이해된다. 버틀러는 발화와 행동을 유발하는 정체성이 우선 존재하는 것이 아니라, 반복된 발화와 행동의 수행을 통해서만 정체성이 형성된다고 주장함으로써 정체성의 기원성을 부정하고, 발화와 행동이 반복의 과정 중에 동일하게 수행되지 못하거나, 규범적 정체성에 어긋나게 수행되는 사례들을 통해 탈정체화의 가능성을 시사한다.

지금도 기록되고 있는
노동자의 꿈 아카이브

이렇게 『프롤레타리아의 밤』은 노동 운동이 무엇보다 지적인 운동이었다는 점, 그리고 사유할 수 있는 시간을 위한 투쟁이었다는 점을 잘 보여 준다. 랑시에르가 1981년에 당시 노동자들에 대한 인식에 문제를 제기하기 위해 1800년대에 등장했던 노동 운동으로 돌아갔듯이, 오늘날 랑시에르의 책을 읽는 우리는 이런 질문을 던질 수 있을 것이다. 신자유주의하에서 변화된 삶의 조건과 노동 형태에 맞서, 어떻게 시간의 분할을 문제 삼을 수 있을까? 우리는 어떻게 해방된 주체로 거듭날 수 있으며, 파편화된 시간 속에서 공통의 시간을 구축할 수 있는가?

각종 온라인 플랫폼을 기반으로 한 배달 노동자, 택시 노동자, 택배 노동자들과 함께 우리는 이러한 질문들을 급진화할 수 있을 것이다. 이제 노동 시간은 낮과 밤, 주중과 주말로 나뉘는 대신 파트타임으로 채워지며, 노동자들은 일인 사업자라는 명목하에 노동자로서의 권리를 인정받지 못하거나 법적 보호의 테두리

바깥으로 밀려난다. 또한 가사 노동과 더불어 이제 소셜 네트워크 서비스의 알고리즘 노동에 종사하는 개발 도상국의 여성들, 집 안과 스크린 뒤 보이지 않는 노동 형태들로 인해 이중, 삼중의 고통을 겪고 있는 여성들이 있다. 이들의 노동은 오늘날 노동, 시간의 치안적 분할의 최전선에 배치된다.

노동 시장이 유연화하면서 더욱 불안정한, 불확실한 노동 조건에 처한 노동자들, 즉 프레카리아트(précariat, 불안정한 프롤레타리아)의 삶에 대해 랑시에르는 또한『프롤레타리아의 밤』과의 연장선상에서 에세이 한 편을 작성한다.『모던 타임스: 예술과 정치에서 시간성에 관한 시론』(2017)에 따르면, 오늘날 문제되는 것은『프롤레타리아의 밤』에서 그랬던 것처럼 노동이 곧 작업임을 보이는 것이 아니라, 반대로 작업이 곧 노동임을 보이는 것이다. 그는 2003년 프랑스 정부의 실업 수당 감축 정책에 항의하기 위해 비정규 공연 예술인이 벌인 대대적인 파업에 주목한다. 이들은 자기 스스로를 불안정 노동자로 정의한다는 점에서, 오늘날 사회에서 셈해지지 않는 비정규직, 파견직, 실업자, 노숙자 전체의 몫을 셈하고자 하고, 불연속적인 형태로 나누어진 시간 속에서 공통의 시간을 구축하고자 하기 때문이다.

따라서 우리는 랑시에르가 현실화되지 못한 유토피아 속에서 정치의 가능성을 발견하고, 오늘날 치안적 분할에 대한 새로운 저항의 형태를 궁리하듯이, 이미 항상 우리 사회 내에 잠재태로 존재하는 헤테로토피아(hétérotopie)와 이질적인 주체성들을 재활성화시키기 위한 시도를 계속해 나가야 한다. 어쩌면 지금, 여기서 글을 읽고 생각과 경험을 공유하며 무언가를 만들어 내는 우리의 노동-작업들이 훗날 디지털 아카이브 속에서 다시 호출될 것을 바라면서. 아니, 이미 호출되고 있다는 것을 떠올리면서. 청계천 공장에서 일했던 노동자이자 노점 단속과 철거 반대 투쟁에 앞장서 온 활동가가 기록한 도시 빈민의 역사『가난의 시대』(최인기), 홍대에 위치한 칼국수집 두리반의 주인이자 소설가가 재개발과 강제 철거로 인해 투쟁가가 되어 두리반에서 만난 인디 신 음악가들, 시민들과 함께한 농성을 묘사한『매력만점 철거농성장』(유채림) 등의 아카이브를 우리가 이미 호출하고 있듯이 말이다.

　　　　　　　　　최의연

예술은
노동인가?

홍태림

홍태림　　삶 속에서 정치와 예술이 어떻게 마주할 수 있는지에 관심을 두고 비평가로 활동하고 있다. 문화비평 웹진 《크리틱-칼》(www.critic-al.org)을 2013년부터 지금까지 운영하고 있으며 2012년 이후로 몇 개의 전시 공간에서 전시를 기획하기도 했다. 『한국미술의 빅뱅』(2017), 『비평실천』(2017), 『비평의 조건』(2019) 등을 함께 썼고, 「예술노동 뒤에 드리워진 검은 그림자」, 「주재환의 기독교 작업에 내재된 예수정신」 등을 발표했다. 예술계 전반의 제도 문제에 관심을 기울이면서 문화체육관광부의 '2018~2022년 미술진흥 중장기 계획' 자문위원으로 일했으며, 2020년 5월부터는 한국문화예술위원회 7기 위원으로 위촉되어 활동 중이다.

[주요어] #예술노동 #임노동 #대가제도
[분류] 미술 > 미술비평

"한국 사회에서 예술가의 일에
정당한 대가를 지급하라는 목소리는
역설적으로 예술이 허구적 정치성을 넘어
현실의 잠재적 가능성을 추동할 실마리가 될지도 모른다.
만약 우리가 이런 실마리조차 붙잡지 않는다면
예술은 자본주의와 그와 연동된 제도의
동역학에 예속된 좀비가 될 것이다."

예술로 먹고살 수 있을까? 예술에 관심이 있는 사람이라면 한 번쯤 고민하게 되는 질문이다. 예술가의 창작은 어떤 성격의 일일까? 예술의 지속 가능성은 '그들'만의 문제일까?

적어도 한국 미술계 내에서 이런 질문에 답하려면, 7년 전의 사건을 상기해 볼 필요가 있다. 2014년 문화역서울 284에서 청년 작가 발굴과 국내외 미술대학 간 소통의 기치를 내세운 '공장미술제'가 열렸다. 취지만 보자면 나무랄 점이 없었던 이 전시는 주관 측이 전시에 참여한 100여 명의 청년 작가 대부분에게 작품 운송과 전시 장비를 지원했을 뿐 작가비를 지급하지 않아서 문제가 되었다. 여기에서 작가비란 제작비나 대여비와 분리되어 "가장 순수한 의미로서의 미술가에게 직접 전달되는 보수"다. 이는 "전시 혹은 프로젝트에 예술 창작 행위를 통한 전문적 가치를 제공 및 공유해 준 것에 대한 사례이자 보답"[1]으로 이해할 수 있다. 이런 측면에서 작가비에는 경제적 가치로 환산이 불가능한 창작자의 활동에 대한 존중과 인건비 성격의 금액 지급이 섞여 있다.[2] 그런데 당시 이 문제는 당사자들을 통해 공론화되지 않았다.[3] 작가비를 지급하지 않은 공장미술제의 결정은 청년 작가들에게 기회를 마련해 준다는 주최 측의 사명감과, 당장 전시 이력 하나하나가 중요한 청년 작가들의 사정이 복잡하게 얽혀 유지되어 온 관행을 따랐기 때문일 것이다.

한편 이 무렵은 전시를 하려면 국공립 미술관, 대안공간, 화랑, 독립 기획자 등의 선택을 받아야 하는

---

[1] 김혜인, 「미술인 보수지급제도 도입 방안연구」, 한국문화관광연구원 연구보고서(2015), 112쪽.

[2] 이 중 창작자의 활동에 대한 존중과 관련한 금액 지급은 모든 작가에게 신작이나 구작으로 전시나 프로젝트에 참여하는 것을 구분하지 않고 지급하는 금액이라는 점에서 인건비와 구분된다.

[3] 홍태림, 「제4회 공장미술제의 심각한 문제점에 대하여」, 《크리틱-칼》, 2014년 1월 14일(www.critic-al.org/?p=4135)를 통해 문제 제기되었다.

다수 작가들의 노동력을 근거 없이, 혹은 예산이 적다는 이유로 착취하는 악습을 향한 비판이 1980년대생 청년 미술인들을 중심으로 다시 높아지던 시기였다. 공장미술제에 대한 문제 제기가 미술계 내외에서 크게 회자될 수 있었던 것도 당시 미술계에 광범위하게 누적되어 있던 나쁜 관행에 대한 청년 세대의 반발이 심상치 않게 포착되던 정황과 무관하지 않다. 이런 영향 아래 공장미술제 사태의 초반부에는 주로 청년 세대에 대한 기성세대의 노동력 착취라는 맥락에서 사안이 다루어졌다. 그러나 공론화 단계를 지나 대안을 논의하는 시점에 이르면서 논의 방향이 미술 분야 표준계약서와 공공 분야에서 활동하는 창작자에 대한 정당한 대가를 지불하는 제도(이하 대가 제도)의 법제화로 전환되었다.[4] 이러한 전환은 무엇을 의미하며 왜 일어났을까? 그리고 예술과 노동을 둘러싼 쟁점과 담론에는 어떤 영향을 미쳤을까?

[4] 세대론에서 창작자의 권익 보장 문제로 전환되는 과정은 다음의 글을 참고하라. 홍태림, 「이준희 《월간미술》 편집인과 유진상 교수의 논평 그리고 표준계약서 문제에 대하여」, 《크리틱-칼》, 2014년 4월 5일 (www.critic-al.org/?p=4051).

예술노동의 대가를
국가가 지불하는 시대

작가비 논란에서 나온 예술과 노동의 관계에 대한 문제 제기와 함께 2014년 이후 미술계는 창작 활동을 공정한 대가 지급과 연결하는 문화체육관광부(이하 정부)의 제도 수립을 맞이하게 되었다. 예술인의 창작대가란 기본적으로 창작의 사회적 가치, 예술노동에 대한 인정과 존중이 반영되어 있는 개념으로, 국가가 그에 대한 비용을 제도적으로 지급하겠다[5]는 것이다. 이는 공장미술제 이후 두 가지 차원으로 갈라진 예술과 노동에 대한 논의가 밀접히 맞물리지 못한 채 미술 분야 창작대가 제도를 둘러싼 문제로 축소되는 경향을 보여 주는 것이기도 하다.

2014~2015년은 분명 미술계 내의 예술노동 논쟁이 공개적으로 활발하게 진행된 시기다. 그러나 충분하지 못했고, 여러 관점이 충분히 경합하지도 못했다.

[5] 구체적으로는 경제적 가치로 환산이 불가능한 순수한 사례를 의미하는 작가비(혹은 창작자비), 예술가 인건비 성격의 사례비, 작품 제작에 필요한 경비를 의미하는 제작지원비, 대여비 등이 포함되어 있다.

홍태림

그 속에서 '예술은 노동이다.'라는 명제를 두고 맞섰던 여러 입장 가운데 '노동은 예술을 가능하게 하는 최소한의 조건'이라고 보는 입장(이하 예술노동론)만이 일종의 소거법으로 남게 되었다.

예술노동론은 예술과 노동이 일대일로 환원될 수 있다고 보지 않는다. 다만 노동이 예술의 일부라는 측면에서, 즉 노동은 예술을 가능하게 하는 최소한의 필요조건이라는 점에서 예술과 노동의 관련성을 인정한다. 따라서 예술노동론은 정부의 대가 제도 수립을 긍정하는 입장에 속할 수 있다. 그동안 예술노동론이 작동한 순간들 또한 주로 정부의 불충분한[6] 대가 제도 및 그 수립 과정에 대한 감시와 비판[7]이 간헐적으로

[6] 가령 정부가 미술 전시 창작대가 산정 방식과 관련하여 작품 수에 따른 작가별 배분율을 반영하거나 예술가의 경력을 가나다 등급으로 나누려 했던 경우를 들 수 있다. 이는 정부가 설계하던 창작대가제도가 창작 활동에 대한 존중과 전시 참여에 따른 보상보다는 인건비 개념에 무게를 두었기 때문이라고 볼 수 있다.

[7] 그 예로 미술가-디자이너 그룹 중심으로 결성된 미술생산자모임이 문체부의 시각예술 분야 표준계약서나 창작대가 기준을 다루는 몇몇 공청회나 자문회의에 참여해 문제점을 지적한 경우가 있다. 미술을 하면서 독립적으로 살아가기 힘든 문제, 미술제도 내의 불합리한 구조, 국가예술정책의 비정상성 등을 함께 이야기하면서 미술 환경을 바꾸기 위한 활동을 해 왔다.

이뤄질 때였다. 지금까지 예술노동론은 예술은 노동이라는 주장과 예술은 노동이 아니라는 두 가지 주장을 상호 보완하기보다는, 대가 제도의 도입과 개선이라는 시급한 문제를 해결하기 위해 전자에 더 무게를 두어 왔던 셈이다.

'예술은 노동인가'라는 질문이 오늘날의 일에 던지는 의미

예술노동론이 처한 상황은 오늘날의 노동 담론과 밀접한 연관성을 지니고 있다. 예술과 노동의 관계를 논하는 것은 동시대 노동이 맞닥뜨린 다양한 국면들, 노동 개념의 다변화를 이해하고 해석할 수 있는 관점을 제공해 준다.

먼저 예술노동론은 임노동의 경계면에서 작동하는 예술가의 노동에 대한 정당한 대가를 요구한다는 점에서 영국의 경제학자 가이 스탠딩이 말하는 일 (work)의 개념과 부분적으로 상응한다. 스탠딩은 일을 임노동 그리고 임노동이 아닌 일로 대별하며, 제도화된 임노동만을 중시해 가사노동 같은 제도화되지 않은

홍태림

일을 배제한 기존 좌파를 비판한다. 즉 노동과 일을 동일시할 수 없으며, 노동 아닌 일이 임노동과 동등해질 필요가 있다는 주장이다.[8] 이것은 임노동의 범주를 넘어 일의 가치를 밝히고, 작업장 바깥이나 공식적인 노동시간 바깥에서 수행되는 노동에 지불을 요구한다는 점에서 예술'노동'의 개념과 일부 겹친다.

다음으로 예술노동론은 정보화 및 탈산업화의 흐름 속에서 도래한 인지자본주의가 비물질적인 인지노동을 착취한다고 비판하는 이들의 맥락과도 상당 부분 포개진다. 가령 작가가 전시에 참여하거나, 비평가나 전시 기획자가 글을 쓰기 위해서 사람을 만나고, 답사를 다니고, 각종 문헌을 탐독하고, 혼자 고민하는 등 많은 시간이 드는 여러 가지 일을 떠올려 보자. 그러나 이런 일들은 예술 제도 내에서도 제대로 고려되지 않는다. 경제적 가치로 환산이 불가능한 작가의 활동에 대한 존중이 작가비에 녹아든 것은 작가비가 결국 임노동이 아닌 일 또는 인지노동에 대한 문제의식 아래에서 정립되었기 때문이다.

[8] Guy Standing, "Left Should Stop Equating Labour With Work", *Social Europe*, 2018년 3월 23일.

예술노동론은 예술가의 일이 노동에 속한다는 입장과 함께 창작의 전 과정에 녹아 있는 예술가의 육체적·정신적 노동에 대한 사회적 인정을 전제로 한다. 그러나 단순히 노동으로 치환되지 않는 예술에 최소한의 노동이 수반된다는 것, 예술노동이 임노동과의 유사성을 인정받는다는 것이 예술가의 처우를 개선하는 과제만을 뜻하는 것은 아니다.

시장에서
예술가의 저작권과 교환되는 것

예술은 노동이 아니거나 노동에 반하는 특질도 지니고 있다. 예술과 노동은 동일시될 수 없다는 주장의 근거 중 하나는 노동이 오늘날의 자본주의에 예속되어 있다는 것이다. 또한 예술노동론은 현재 노동이 여러 국면에서 '미학화'[9]하는 현상을 반영하기도 한다. 예술 역시 더 이상 노동의 문제를 충분히 응시하고 있지 않다고 비판할 수 있는 지점이다. 이런 조건 속에서 예술과

[9] 서동진, 「노동하는 예술가」, 《경향신문》, 2014년 3월 24일 자.

임노동을 동일시하는 것은 자본주의에 대한 백기 투항이나 다름없다는 것이 예술의 반(反)노동성을 이야기하는 입장이다. 물론 자본주의의 자리에 국가 또는 제도를 대입해도 마찬가지다.

미술계에서 작가가 국공립 기관 등의 각종 지원 사업을 떠나 '먹고사는' 방법은 작가가 자신의 작품을 시장에서 판매하는 것이다. 작가는 작품을 미술시장에 유통시켜 가격을 형성하고 판매함으로써 작가로서 생존하고 작업의 지속 가능성을 조금이나마 확보할 수 있다. 창작 행위는 대가 지불을 위한 수치화·정량화를 적용하기 어렵다는 특성을 지니는 한편, 지적재산권 및 저작권, 상품권 등으로 수익을 낼 수가 있기 때문이다.[10]

하지만 창작 활동이 시장의 역학에 예속될수록 자율성이 점차 휘발되는 상황에 처하면서 임노동자가 그러하듯이 작가가 창작물·생산물로부터 소외의 길을

[10] 저작권과 소유권 사이에 첨예한 대립이 존재하기에 상품으로 판매된 작품 또한 예술가를 소외시킬 가능성은 있다. 한국의 경우 판매가 거듭되어 작품가가 상승했을 때 원작자가 양도차익에 대한 권리를 가지지 못한다.

걸을 여지도 적지 않다. 목가적인 풍경화의 반대편에서 현실 비판적인 그림을 그리던 작가가 먹고살기 위해 어쩔 수 없이 화랑이 요구하는 풍경화를 그리게 되는 경우처럼 말이다. 그러므로 자신의 작품을 상품으로 판매하거나, 언제든 판매하고 싶은 작가는 임노동이 아닌 일과 멀어지게 되며 자발적 행동이자 유희를 위한 활동인 놀이와도 멀어질 가능성이 크다. 놀이적 성격을 상실한 창작 행위, 곧 자발성과 자율성을 잃은 창작 활동이 먹고살기의 과제를 일부 달성했더라도, 이를 두고 예술의 재생산을 이뤘다고 말할 수 있을까.

예술노동론은 예술노동과 임노동의 구분에 근거해 예술이 지닌 반노동·비노동적 속성을 보존할 때 자본주의의 반대편에 설 가능성을 미약하게나마 띠게 된다. 하지만 예술가가 작품을 상품으로 시장에 판매하는 것으로만 창작에 대한 정당한 대가를 확보하고자 할 경우, 예술노동 논의의 급진적인 가능성은 서서히 사라진다.

홍태림

예술과 정치의 전화를 상상하기

오늘날 예술계에서 예술은 노동이라는 언설은 그 정당성에도 불구하고 이처럼 딜레마에 빠져 있다. 이는 정치가 '먹고사니즘'이 심화되는 사회에 탈출구를 만들지 못하는 상황과 유사한 측면이 있다. 이 유사성이 지시하는 것은 바로 현대 자본주의하 제도의 동역학 안에서 용인되는 '정치적 예술'의 허구적 면모일 것이다.

예술의 허구적 정치성이 드러난 사례로 제5회 두산연강예술상 관련 일을 들 수 있다. 2014년 이 상을 수상한 연출가는 같은 해 한 청년을 섭외한 공연을 무대에 올렸는데, 그 청년은 두산그룹이 중앙대학교에서 벌인 기업식 구조조정에 반대 운동을 벌이며 자퇴를 감행했던 이였다. 대부분 그럴듯하게 은폐되곤 하는 허구적 정치성의 민낯은 이처럼 때로 제도의 동역학에 과부하가 걸림으로써 세상에 드러난다. 이런 사건은 시대적 역행이 극에 달했던 2014년에 특히 많이 나타났다. 변혁과 개혁을 향한 움직임, 체제와 관습에 대한 비판, 정치적 개입, 창조적 행위 등의 역동적 가치를 강조했던 2014년 광주비엔날레도 꼽아 볼 수 있다. 비엔날레 본전시에서 홍성담 작가의 「세월오월」이 중앙정부와 지자체의 검열과 배제를 당할 때, 본전시에 참여한 작가들이 아무런 공적 대응을 하지 않았던 것이다. 물론 근래에 정부가 바뀐 후로는 이토록 대놓고 민낯을 드러내지는 않았지만, 제도 자체의 작동 방식과 권력관계가 바뀌지 않는 한 예술의 허구적 정치성은 계속 공회전을 거듭할 수밖에 없다.

이런 조건들을 고려했을 때 예술가의 일에 대한 정당한 대가를 요구하는 흐름에는 다음과 같은 함의가 담겨 있는 것이 아닐까. 예술을 연료 삼아 공공과 민간 영역을 가리지 않고 무한경쟁과 적자생존[11]이라는 이름의 기관차를 그저 가속할 뿐인 현실에 대한 극심한 피로와 좌절감 그리고 제도와의 관계에서 공회전하는 현재의 예술에 대한 절망감이 업계의 악습 타파라는 구멍을 통하여 일부 분출된 것이라고. 물론 그게 전부가 아니기를 바라지만 말이다.

[11] 오늘날 새롭게 위태로워진 예술을 떠받쳐 온 중앙정부, 지방자치단체 단위의 많은 지원책 역시 이러한 논리를 벗어나지 않는다. 게다가 공공의 지원이 예술계의 자생성을 담보하지도 못하고 있다는 점에서 예술계를 지원한다기보다는 당장의 고통을 잊게 할 모르핀을 놓고 있는 측면도 간과할 수 없다.

홍태림

예술계 전반에서 예술가의 일에 정당한 대가를 지불해야 한다는 목소리는 이상문학상 거부 사태나 문예지 《시와 반시》 노동 착취 폭로 사례에서처럼 최근에도 지속되고 있다. 이런 악습을 끊어 내기 위한 예술계의 용기와 노력은 분명 중요하고 반드시 필요하다. 그러나 예술가의 권익을 해치는 잘못된 관행이 근절되고, 나아가 예술가를 포용하는 사회보장 체계까지 완비되는 시대가 온다면, 그때의 예술에는 문제가 없을지 질문해 볼 필요가 있다. 이런 고민 때문에 누군가는 이제 예술계에 남은 실천적 담론이 예술가의 권리보장[12]과 복지[13]밖에 없다고 이야기하기도 한다.

그럼에도 해방 후 급격한 정치적·경제적 변화를 겪으면서 전근대, 근대, 탈근대가 뒤섞이고 무한경쟁과 각자도생만이 제시되고 있는 한국 사회에서 예술가의 일에 정당한 대가를 지급하라는 목소리는 역설적으로 예술이 허구적 정치성을 넘어 현실의 잠재적 가능

---

[12] 박근혜 정권의 블랙리스트 사태와 미투 운동 이후 예술가의 권리를 보장하기 위한 예술인권리보호법 제정에 대한 논의 일체를 의미한다.
[13] 최고은 작가의 죽음 이후 제정된 예술인복지법과, 근래에 계속 논란이 되고 있는 예술인고용보험 관련 제도 및 논의를 의미한다.

성을 추동할 실마리가 될지도 모른다. 만약 우리가 이런 실마리조차 붙잡지 않는다면 예술은 자본주의와 그와 연동된 제도의 동역학에 예속된 좀비가 될 것이다.

홍태림

돌봄을
정당하게
대우하라

함선유

함선규   서울대학교에서 사회복지학을 전공하고 『돌봄정책의 발전과 남녀 임금격차』로 박사학위를 받았다. 가구 내 돌봄노동이 가구 밖 노동 활동에 미치는 영향과 노동시장에서 일하는 돌봄노동자들의 처우를 주로 연구했다. 현재 한국보건사회연구원에서 일하면서 노동시장 연구를 이어 가고 있다.

[주요어] #돌봄노동 #돌봄불이익 #보람
[분류] 사회학 > 사회복지학

"돌봄은 상호 관계의 산물이기에,
돌봄 대상자뿐 아니라
돌봄을 제공하는 이들 역시
보람과 행복을 느낀다.
하지만 이러한 돌봄노동의 속성은
노동자들이 낮은 보수를 받으며
고된 노동을 감내하는 이유가 되기도 한다."

나의 학위논문은 아이과 함께 자라났다. 아이가 태어난 지 100일쯤부터 아이돌보미가 여섯 시간씩 우리 집으로 찾아와 아이를 돌봐 주셨다. 그 시간이 있었기에 나는 아이가 두 돌이 되기 전에 학업을 마치고 일을 시작할 수 있었다. 아이돌보미 덕분에 돌봄을 연구할 시간을 번 셈이다.

아이돌보미가 아이를 돌봐 준다고 하면 주변의 흔한 반응은 아이가 딱하다는 것이었다. 아이는 무릇 엄마가(또는 할머니가) 사랑으로 키워야 하건만, 돈을 주고 거래 관계에 있는 '남'에게 맡기는 게 안타깝다고 한다. 그런데 동시에 아이돌보미에게 지불하는 비용이 시간당 만 원이 넘는다는 걸 들으면 깜짝 놀란다. 너무 큰 비용이라고 한다. 모순적이다. 아이를 돌보는 일은 감히 값을 매길 수 없고 거래할 수 없는 고귀한 일이라는 인식이 있는 한편, 실제 그 일을 하는 이들에게 지불하는 비용은 대부분 매우 낮게 예상한다.

돌봄이라는 가치 있는 일은 정당한 대우를 받지 못한다. 나는 이처럼 모순적인 돌봄직의 임금을 연구해 왔다. 여기서 돌봄직이란 돌봄을 받는 이들의 건강, 기술, 또는 성향을 발달시키는 대면 서비스를 수행하는 노동자를 의미한다.[1] 연구에 따라서는 교사와 간호사 등을 돌봄직에 포함하기도 하지만, 나의 연구에서는 일상생활에서 도움이 필요한 아동과 노인, 장애인에 대한 돌봄을 다루고 있다. 주로 양적인 자료를 통해 돌봄직에 대한 임금이 여타 직업군과 얼마나 차이 나는지, 그리고 그 차이가 왜 나는지를 확인하고자 했다.

[1] England, P., et al. "Wages of virtue: The relative pay of care Work.", *Social Problems* 49(4)(2002), pp. 455~473.

존중과 신뢰가 필요한
돌봄노동자의 일

돌봄노동의 임금에 대해 이야기하기 전에 돌봄노동자가 하는 일에 대해 생각해 보자. 돌봄은 아이들이 신체적·정신적으로 건강하게 자라나고, 환자들이 아플 때 일어날 힘을 얻고, 노인들이 생애 마지막을 편안하게 정리할 수 있도록 하는 일이다. 돌봄을 받는 이들은 대체로 자신이 필요한 것을 정확하게 표현하지 못하거나, 무엇이 필요한지 모르는 상태다. 아이는 그저 울 뿐 배가 고픈지 아픈지를 표현할 수 없기 때문에 아이의 필요를 세심하게 살펴야 한다. 아이와 눈을 맞추고 대화하는 것은 아이의 인지와 정서 발달에 중요하기에 아이 돌봄에서 꼭 필요한 일이다. 몸을 움직일 수 없는 이들은 돌보는 이가 몸을 적절히 움직여 주어야만 피부가 괴사하는 욕창을 피할 수 있다. 이러한 돌봄이 없다면 이들은 심각한 상해를 입거나 때로는 생명을 유지할 수 없게 된다.

좋은 돌봄이란 이처럼 취약한 상황에 있는 대상자들의 드러난, 때로는 드러나지 않은 욕구까지 파악하여 적절한 도움을 제공하는 일이다. 대상자에 대한 전문적인 지식을 갖춰야 함은 물론이고, 신뢰와 정서적 유대 그리고 애정이 밑바탕에 있어야 한다. 흔히 '라포(rapport)'라고 하는 사람과 사람 사이의 상호 신뢰는 돌봄을 주고받는 데 필수적이다. 이처럼 돌봄이 상대에 대한 존중과 신뢰, 애정을 기반으로 하기에 폴라 잉글랜드는 돌봄 제공자를 "사랑의 포로(prisoner of love)"[2]라고 표현했다. 돌봄을 주고받는 이들 간의 관계적, 이타적 특성들로 인해 돌봄노동이 다른 일과는 다른 속성을 가진다는 뜻이다.

돌봄은 상호 관계의 산물이기에, 돌봄 대상자뿐 아니라 돌봄을 제공하는 이들 역시 보람과 행복을 느낀다. 여러 연구들은 돌봄을 일로 삼는 이들이 여타 직종 노동자들에 비해 더 큰 보람과 긍지, 자부심을 느끼고 있음을 확인했다.[3] 하지만 이러한 돌봄노동의 속성은 노동자들이 낮은 보수를 받으며 고된 노동을 감

[2] England, P. "Emerging theories of care work." *Annu. Rev. Sociol.* 31(2005), pp. 381~399.
[3] 옥수선, 조향숙, 「돌봄서비스 종사자의 직무경험에 관한 인식 유형 연구」,《사회과학연구》32(2)(2016), 243~269쪽.

내하는 이유가 되기도 한다.

가치 있는 일, 나쁜 일자리
표준 직업이 된 돌봄노동

모든 나라에서 아동이나 노인을 돌보는 일의 가치를 높게 평가하지만, 돌봄직은 그 사회의 가장 낮은 처우를 감내하는 나쁜 일자리다. 돌봄에 종사하는 이들은 노동시장에서 저평가되는 저학력에 경력이 단절되거나 이민자인 여성들이 대다수다. 그런데 동일한 교육 수준과 연령, 경력을 가졌더라도 돌봄직 종사자들은 더 낮은 임금을 받는다. 통상 임금 격차의 합리적인 근거로 여겨지는 노동자들의 속성 차이로는 돌봄직의 낮은 임금을 모두 설명할 수 없다는 뜻이다. 개인을 단위로 일자리의 경로를 추적한 조사를 분석해 보면 같은 사람이라도 다른 일을 하다가 돌봄 일자리에 진입했을 때 임금이 유의미하게 낮아졌다. 이렇듯 합리적인 이유로는 설명되지 않는 돌봄 일자리 종사자의 임금 격차를 돌봄 불이익(care penalty)이라고 한다.

　돌봄 불이익에 관한 가장 대표적인 논의는 돌봄이

라는 일의 중요성이 낮게 평가된다는 비판이다. 돌봄이 그동안 어떻게 수행되었는지를 떠올려 보자. 불과 몇 년 전까지만 하더라도 돌봄은 온전히 가족 내에서 이루어지는 '돈 안 드는' 일이었다. 가족원 중에서도 엄마, 아내, 할머니, 딸, 며느리 역할을 맡은 여성이 주로 가족을 돌봤다. 이처럼 가족이나 친지가 제공하는 돌봄을 이제는 비공식 돌봄(informal care)이라 칭한다. 모든 인간이 누군가의 돌봄을 받아 생존했음에도 그 돌봄은 비공식적이고, 대다수에게 공기처럼 그저 당연한 일이었다. 물론 비공식 돌봄 제공자의 희생은 모성이라는 이름의 숭고한 영역으로 미화될 뿐이었다.[4]

돌봄이 공적 영역에서 논의된 것은 가족 내 돌봄이 더 이상 당연하지도 충분치도 않은 세상에서 여러 문제들이 발생하면서부터다. 1990년 부모가 모두 일을 하러 나간 사이에 화재로 네 살, 다섯 살 아이들이 목숨을 잃은 '혜영이 용철이 남매 사건'이 있었다. 맞벌이 부모가 밖에서 문을 잠그고 나간 탓에 아이들은 불이 난 집에서 빠져나올 수가 없었다. 여러 세대가 함께

[4] 정진주 외, 『돌봄노동자는 누가 돌봐 주나?: 건강한 돌봄노동을 위하여』(한울, 2012).

사는 가정이 줄어들고 부모를 부양해야 한다는 의식이 낮아지면서 노인 돌봄 역시 사회 문제로 떠올랐다.[5] 긴 돌봄의 끝에서 노부부가 동반자살을 선택하는 사건이 연일 보도되곤 했다.

'혜영이 용철이 남매 사건'을 계기로 돌봄 공백 문제가 공론화되었고, 1991년 영유아보육법이 마련되었다.[6] 이후 저소득층을 중심으로 제공되던 보육 지원은 저출산 국면에서 그 대상이 점차 확대되어 2013년부터는 모든 아동이 무상으로 보육 서비스를 받을 수 있게 되었다. 또한 노인 돌봄 공백 해결을 위해 2007년과 2008년에 노인돌봄바우처와 노인장기요양제도가 각기 도입되었다. 이렇게 돌봄이 사회가 우선적으로 해결해야 할 목표가 되면서 돌봄을 업으로 삼는 이들이 급증했다.[7] 2017년 개정된 한국표준직업분류

[5] 한경혜, 「가족과 가구 영역의 주요 동향」, 『한국의 사회동향 2019』 (통계개발원, 2019), 57, 65쪽.
[6] 김은지·김소영·선보영·성경·양난주·김수정·김혜영, 『지속가능한 돌봄정책 재정립방안 연구(1): 여성·가족 관점의 진단과 정책과제』(한국여성정책연구원, 2017), 89쪽.
[7] 2009년부터 2017년 사이 전체 일자리 수가 44퍼센트 증가한 반면, 돌봄 관련 일자리 수는 두 배 이상 증가했다. 정부에서 발표하고 있는 돌봄 프로그램별 종사자 수를 단순 합산하더라도 80만 명이 넘는다. 공

는 '돌봄 서비스 종사원'이라는 직업군을 신설했다. 돌봄직은 명실상부하게 표준 직업의 대열에 서게 된 것이다.

돌봄에 대한 필요와 이에 종사하는 노동자들이 증가했지만, 우리 사회는 여전히 돌봄직을 직업으로 인정하기보다는 엄마라면 누구나 할 수 있는 일이라는 도식에서 이해하고 있다.[8] 돌봄이라는 일에 대한 고찰 없이, 가시화된 돌봄 공백을 메우기 위해 돌봄직이 양적으로 팽창했다. 이에 따라 가족 내 비공식 돌봄노동을 수행하느라 경력이 단절되었던 고령 여성들이 노동시장에 대거 유입되었다.[9]

돌봄 제도 도입 이후 수년이 지나면서 돌봄직 종사자들의 경력과 연공이 쌓였음에도, 서비스 수가는 수년간 거의 인상되지 않았다.[10] 돌봄노동의 전문성

공 프로그램이 아닌 민간 서비스의 종사자까지 포함하면 그 규모는 훨씬 더 클 것이다.
[8] England, P., et al, Ibid., pp. 455~473.
[9] 강민정·김은지·구미영·노우리·양난주·안현미·남근우, 『사회적 돌봄노동의 가치 제고를 위한 연구』(저출산고령사회위원회, 2020), 129쪽.
[10] 아이돌보미의 경우 2008년 처음 제도가 도입되었을 당시 시급이 5000원으로 최저임금에 비하여 1230원 가량 높았다. 하지만 2013년까지 단 한 번도 시급이 인상되지 않으면서 최저임금과의 격차가 140원

을 인정하고 그 안의 차이를 들여다보려는 시도도 없었다. 2016년 신체적·정신적 장애로 혼자 생활하기 어려운 장애인에 대한 활동지원 수가 문제가 공론화되었다. 중증장애인과 경증장애인 돌봄 수가가 차등적으로 부여되지 않으면서 장애 정도가 심한 이들이 활동지원사를 구하지 못하는 문제가 생긴 것이다. 돌봄노동자들이 실제 어떤 일을 하는지에 대한 이해가 있었다면, 돌봄 대상자의 차이에 따른 일의 난이도나 경력 수준을 고려하지 않은 채 모든 돌봄 서비스에 대해 동일한 단가를 적용하지는 않았을 것이다. 획일적인 수가 책정으로 돌봄 공백이 발생한 이후에야 최중증 장애인을 대상으로 하는 서비스에 가산 급여가 적용되기 시작했다.

지금껏 돌봄 정책은 돌봄 공백 현상을 메우는 데 집중하는 가운데 돌봄노동자를 보호하고 교육하는 시스템을 마련하는 일에는 소홀했다. 대부분 고령 여성인 돌봄노동자들은 가족 내에서 무급으로 하던 일을

으로 줄어들게 된다. 장애인활동지원사도 마찬가지다. 2009년 당시 최저임금과의 차이가 2000원이었다가 2017년 460원으로 줄어들었다. 이는 실질 임금의 하락을 의미한다.

낮은 임금을 받으면서 하게 되었다. 노동시장 내에서 가장 진입 장벽이 낮은 업종을 찾아 헤매는 이민자나 교육 수준이 낮은 고령 여성들이 보수가 낮은 돌봄노동을 감당하고 있다. 불안정한 노동 조건 탓에 이직도 잦다. 그 결과 돌봄직은 양질의 노동자를 유인하지 못하며 돌봄의 질은 떨어진다. 이는 지난 20년간 한국의 돌봄노동 현장에서 일어난 악순환이다.

신뢰 관계를 지지하기 위한 합당한 보상이 필요하다

조금이라도 돌봄에 참여해 본 이들이라면 알 것이다. 돌봄은 전문성이 필요한 일이며, 그저 엄마 같은 마음만으로 할 수 있는 일이 아니라는 것을 말이다. 사랑하는 자식을 잘 키우고 싶은 마음은 넘치는데 어떻게 해야 할지 모르는 부모들이 너무 많지 않은가. 돌봄노동은 어떠한 돌봄이 필요한지를 사정하고, 개입의 계획을 짜며, 이를 실행하는 다차원적인 과업이다. 질 좋은 돌봄서비스는 대상자에 대한 깊은 이해와 의사소통 역량이 갖춰져야 가능하다. 취약 계층이 대상이기 때문에 돌봄 제공자가 높은 윤리적 의식을 갖추어야 하는 것은 물론이고, 수시로 보수 교육이 필요하다.

무엇보다 돌봄은 관계다. 단순히 돌봄 서비스의 제공자와 이용자의 관계를 넘어서 서로 친밀감을 느끼고 신뢰하는 관계가 형성되어야만 좋은 돌봄을 제공하고 제공받을 수 있다. 돌봄 대상자뿐 아니라 돌봄 구매자와 돌봄 제공자 사이의 믿음도 중요하다. 구매자와 제공자가 안정적인 신뢰 관계를 맺지 못한다면 부모는 아이돌보미가 아이를 방치하거나 학대하지 않을지 불안과 의심을 거두기 어렵고, 마음 편히 일할 수 없다. 서로 신뢰할 수 있는 기반을 마련하는 일은 질 좋은 돌봄을 제공하고 받기 위한 필수 조건이다.

돌봄노동은 타인을 돕는 일에서 보람을 느끼는 노동자들의 마음을 필요로 한다. 이는 돌봄노동자들의 마음이 이용당할 수도 있다는 의미다. 실제로 돌봄 대상자와의 신뢰와 감정적 교류를 기반으로 하는 돌봄노동의 속성이 저임금의 원인이라는 분석이 있다. 돌봄직에 종사하는 이들이 금전적인 가치보다 타인을 돕는 일에 더 큰 가치를 부여하기에 낮은 임금을 받아들인다는 것이다.[11] 하지만 돌봄노동에 대한 금전적인 보상은 정서적인 만족감으로 메울 수 없을 만큼 턱없이 부족하다. 또한 대부분의 일자리에서는 일에 대한 보람이 커질수록 임금 또한 높아진다는 점을 고려하면 보람은 낮은 임금의 보상으로 간주될 수 없다.[12]

돌봄의 관계적 속성과 사회적 중요성을 고려한다면, 단순히 구매자와 제공자를 연결하는 것을 넘어 양자 간의 신뢰 관계를 형성할 수 있는 돌봄 인프라가 구축되어야 한다. 공공 어린이집, 유치원, 요양시설 등 이용자가 신뢰하고 의지할 만한 기관이 늘어나고, 정부 지원 민간 서비스 업체들이 제공하는 돌봄 서비스에 대한 관리 감독이 병행되어야 할 것이다. 더불어 돌봄직 종사자들이 일을 통해 보람과 자부심에 더해 정당한 보상을 받을 수 있도록 해야 한다. 돌봄노동자들이 타인에 대한 배려심으로 고된 노동을 감수하고, 일

[11] England, P, Ibid., pp. 381~399.
[12] 함선유, 「돌봄직 임금 불이익에 관한 종단 연구」, 《한국사회복지학》 72(2)(2020), 429~541쪽. 나는 이 연구에서 2009~2017년 한국노동패널 자료를 활용해 국내 돌봄직 종사자의 저임금에 관한 논의들을 검증했다. 이를 통해 돌봄 불이익은 실재하며, 이는 개인의 낮은 인적 자본에 따른 합리적인 보상도, 심리적 보상을 고려한 선택도 아닌 구조적인 문제임을 확인할 수 있었다.

에서 느끼는 보람이 저임금의 구실이 되는 상황은 돌봄 제공자와 돌봄 대상자 모두에게 바람직하지 않다.

코로나19의 확산으로 돌봄 공백이 다시금 가시화되고 있다. 노인장기요양보호사, 아이돌보미, 장애인 활동지원사와 같은 돌봄직 종사자들의 일은 대면 서비스로 인한 감염의 위험에도 멈출 수 없는 필수적인 일이라는 점을 우리는 지난 1년간 목격했다. 감염병의 위기에서 돌봄의 가치는 더욱 분명하게 드러났다. 이들이 느끼고, 우리가 알고 있는 돌봄의 가치가 노동시장 내에서도 적절히 평가되고 반영되기를 바란다.

일자리를 따라 이동하기

임안나

임안나　　이스라엘 텔아비브 대학교에서 인류학 박사학위를 받았으며 현재 서울대 비교문화연구소에 객원연구원으로 있다. 초국가적 노동 이주와 공간, 다문화정책과 시민권, 미등록 이주에 관심을 가지고 연구하고 있다. 주요 논문으로는 「주말아파트와 공동체: 이스라엘 필리핀 노인돌봄노동자의 이주공간 형성에 관한 연구」, 「초국적 노동 이주와 이주 인프라의 형성: 필리핀 돌봄노동자의 이스라엘 이주 사례를 중심으로」, 「경계 위의 삶: 이스라엘 내 필리핀 이주노동자의 체류 지위 변화와 경험」 등이 있으며, 저서로는 『여성 연구자, 선을 넘다』(편저)가 있다.

[주요어] #이주의여성화 #필리핀돌봄노동자 #연결망
[분류] 인류학 > 문화인류학

"필리핀과 이스라엘 사이의 노동 이주는
공식적으로는 양국의 이주 정책과 에이전시에 의해
구조화되지만, 실제로는 다양한 행위자들의
관계를 기반으로 형성된 연결망이
합법과 불법, 공식과 비공식의 경계를 교차하면서
이주의 경로를 만들어 낸다."

독일 내 터키 이민자 가족을 다룬 영화 「나의 가족 나의 도시」의 주인공 후세인은 1960년대 말 전후 재건 사업으로 대규모 노동력이 필요해진 서독으로 향하고, 가족재결합제도를 통해 터키에 있던 가족을 데려와 정착한다. 후세인 가족의 반세기에 걸친 이야기가 펼쳐지는 이 영화의 마지막 장면은 스위스 작가 막스 프리쉬의 희곡 「시아모 이탈리아니」를 인용한 자막으로 의미심장하게 끝난다. "우리는 노동력을 불렀는데 사람이 왔다."

인류의 역사와 함께 시작된 이주는 새로운 현상이 아니지만, 냉전체제 종식 후 급속하게 전개된 세계화의 흐름 속에서 이전과는 비교할 수 없을 만큼 복잡한 양상으로 이루어지고 있다. 특히 시장 자본주의에 기반을 둔 신자유주의적인 세계화는 국가 간 경제 불평등과 노동력 수요-공급 불균형으로 양극화된 글로벌 노동시장을 형성했다.[1] 이주에서 귀환에 이르는 전 과정에서 관리와 통제의 대상이 되는 이주노동자는 '상품화된 노동력'으로 타자화되기 쉽다. 하지만 이주는 단순히 노동시장과 국가 정책에 의해 좌우되는 것이 아니라, 보이지 않는 수많은 행위자와 그 관계의 연결망이 맞물려 이루어지는 복합적이고 유동적인 과정이다. 그리고 이 과정의 중심에는 이주노동자가 있다.

[1] 사스키아 사센은 전 지구화를 역동적이며 중층적으로 전개되는 분절적 과정으로 설명하며, 상층부에서 이동하는 전문직 이주자와 더불어 빈곤에서 벗어나기 위해 국경을 넘는 저숙련 이주노동자 역시 하층부에서 생존 회로(survival circuits)를 형성하는 중요한 글로벌 행위자임을 강조한다. Saskia Sassen, "Global cities and survival circuits", Barbara Ehrenreich & Arlie Russell Hochschild, eds., *Global Woman: Nannies, maids, and sex workers in the New Economy*(Metropolitan Books, 2002), pp. 254~274.

　　　　　임안나

이스라엘에서 만난
필리핀 이주 여성 루시

나는 대표적인 돌봄 인력 수용국 중 하나인 이스라엘에서 필리핀 돌봄노동자에 관한 인류학 연구를 수행했다. 일찍이 고령화 사회에 접어든 이스라엘은 돌봄 공백을 메우기 위해 1995년 필리핀 정부와 협정을 맺고 필리핀 이주노동자를 노인 돌봄 분야에 채용하고 있다. 내가 텔아비브 대학교 박사과정생으로 이스라엘에 도착했던 2008년 12월에 버스 정류장에서 우연히 만난 루시도 필리핀에서 온 돌봄노동자였다. 이스라엘로 오기 전 한국에 취업 지원서를 낸 적이 있다는 루시는 가끔 나를 텔아비브의 네베셰아난(Neve Sha'anan neighborhood)에 위치한 자신의 아파트[2]에 초대했다. 나는 머지않아 루시의 아파트를 시작으로 네 곳의 아파트에 살면서 박사 학위 논문을 위

[2] 네베셰아난 지역은 중국, 필리핀, 태국, 인도, 네팔 출신 이주노동자들과 남수단, 에리트리아 출신 난민 신청자들이 집중된 이스라엘 최대의 이주민 집거지다. 돌봄노동자는 대부분 입주 근무를 하지만 여러 명이 아파트를 임대하여 공동거주지를 형성한다.

한 필드워크(fieldwork)를 진행했다.

인류학의 필드워크는 연구자가 연구 대상 집단의 자연스러운 일상으로 '들어가' 참여 관찰과 심층 면담을 주로 활용하여 자료를 수집하고 분석하는 작업이다. 나는 루시를 통해 입주한 아파트에서 필리핀 이주 여성들의 삶에 내부자로 참여하는 한편 거리를 둔 관찰자로서 균형을 맞추려 노력하며 26개월이라는 긴 시간을 보냈다. 이 글은 내가 이스라엘에서 우연히 루시를 알게 된 지 12년이 지난 현재 시점에서 행하는 루시라는 인물에 관한 회고인 동시에, 일자리를 찾아 끊임없이 이동하는 한 필리핀 이주 여성의 삶을 통해 글로벌 노동 이주의 단면을 엿보려는 시도다.

'여성의 일'이 양산하는 이주

카슬과 밀러는 국가의 경계를 넘는 인간의 이동이 일상화된 동시대를 '이주의 시대'라 명하고 전 지구화, 가속화, 정치화, 다양화, 여성화를 그 특징으로 꼽는다.[3]

[3] 스티븐 카슬·마크 J. 밀러, 한국이민학회 옮김, 『이주의 시대』(일조각, 2013).

특히 이주의 여성화(feminization of migration)는 21세기에 전 지구적 차원에서 인지되는 지배적인 이주 흐름이다. 과거 여성의 이주는 앞서 언급한 영화에서 남편을 따라 서독으로 갔던 후세인의 아내 파트마처럼 주로 남편이나 아버지에게 종속되어 '따라가는' 형태의 동반 이주였다. 하지만 1980년대 말 이후 생계 부양자로서 독립적으로 이주하는 여성의 수가 급격히 증가하면서, 저개발국 여성들이 기존에 '여성의 일'로 취급되던 가사·돌봄노동을 수행하기 위해 개발국으로 이동하는 성별화된 이주가 늘어나고 있다.

이주의 여성화 현상을 잘 보여 주는 대표적인 사례가 필리핀이다. 1960년대 이후 심각한 경제난에 빠진 필리핀 정부는 해외 노동시장의 요구에 빠르게 반응하면서 적극적인 인력송출 정책을 펼쳐 왔다. 1970년대 오일붐 시기에 남성들이 주로 건설노동자로 걸프 지역에 갔다면, 1990년대부터는 한국, 홍콩, 싱가포르, 타이완 같은 아시아 신흥산업국을 비롯한 전 세계로 이주가 이루어지고 있다. 특히 공식적인 노동의 범주 밖에 있던 돌봄·가사노동력에 대한 수요가 증가하면서 여성이 전체 이주노동자의 절반 이상을 차지하게 되었다.

루시는 임금 수준과 일자리 기회의 측면에서 여성에게 특히 불리한 취업난을 피해 일자리를 찾아 해외로 떠난 수많은 필리핀 여성 중 한 명이다. 루시의 첫 이주국은 타이완이었다. 대학 졸업 후 루시는 동창과 함께 타이완의 공장에 단순기능직으로 취업했다. 하지만 5년간 일했던 공장이 중국으로 이전되자, 필리핀으로 돌아와 그동안 모은 돈으로 작은 식당을 열었다. 운영난에 1년도 못 버티고 문을 닫은 뒤에는 한국 공장에 지원서를 제출했다. 하지만 남성을 선호하는 제조업 분야에서 30세 여성은 경쟁력이 없었다. 루시는 임금 수준이 높은 공장에서 일하고 싶었지만, 결국 여성을 선호하고 특별한 기술이나 경력을 요구하지 않는 가사노동이나 돌봄노동 등의 직종으로 눈을 돌릴 수밖에 없었다.

1990년대 초부터 주로 제조업 분야에 이주노동자를 고용하고 있는 한국은 비교적 높은 임금, 입주 근무가 대다수인 다른 나라들과 달리 명확히 정해진 근무시간 등의 조건 때문에 선호되는 목적지 중 하나다. 하지만 주로 남성을 선호하는 데다 채용 조건이 까다롭다. 한국에서도 돌봄·가사노동력 수요가 꾸준히 늘고 있지만, 한국어를 구사할 수 있는 중국 동포 출신 이주 여성들이 주로 그 수요를 충족하고 있다. 따라서 필리핀 여성들은 사우디아라비아, 쿠웨이트, 홍콩, 싱가포르 등 가사노동자를 주로 고용하는 나라로 이주하게 된다. 예를 들어, 1980년대부터 이주 가사노동자를 고용하고 있는 홍콩은 매우 낮은 월급, "가정부(nanny)"라는 부정적인 직업 인식 때문에 선호되는 목적지는 아니지만, 비행기로 두 시간 거리에 위치할 뿐 아니라 취업 조건이 까다롭지 않고 이주 비용이 거의 들지 않아 필리핀 여성이 쉽게 갈 수 있는 목적지 가운데 하나가 되었다.

하지만 루시는 "낮은 임금을 받고 가정부로 일하고 싶지는 않았기 때문에" 처음부터 돌봄노동자를 고용하는 캐나다나 이스라엘로 이주할 계획을 세웠다. 루시는 우선 영주권 취득 기회가 열려 있는 캐나다 취업을 준비했지만, 돌봄노동 경력과 재정증명을 요구하는 까다로운 조건에 가로막혀 차선책으로 이스라엘행을 택했다. 이스라엘은 "간호사와 가정부 사이에 낀 준전문직"인 돌봄노동자로 일할 수 있는 곳이면서 캐나다로 이주하기 위한 경유지로서 최적의 장소였다. 현지조사 기간에 내가 이스라엘에서 만난 필리핀 돌봄노동자는 대부분 30~50대의 여성이었다. 그중 1990년대 밀, 2000년대 초에 20대였던 여성 중에는 루시처럼 이스라엘로 오기 전 타이완이나 한국의 공장에서 일한 경우도 있었지만, 대다수는 홍콩, 싱가포르, 중동 지역에서 저임금 가사노동자로 일했다.

사적 영역에 머물러 있던 돌봄노동이 글로벌 노동시장에서 임금노동으로 빠르게 '상품화'되면서 돌봄노동을 둘러싼 기존의 성별분업 이데올로기는 오히려 더욱 강화되고 있다. 돌봄의 대상인 노인과의 관계나 근무 환경에 따라 경험하는 돌봄노동의 가치는 달라지겠지만, 돌봄노동자들은 대부분 돌봄노동에 대해 긍정적인 직업 인식을 표출하는 한편 출산과 양육의 경험이 부족한 20대에게 적합하지 않은 일자리라고 평가하며 '여성의 일'로 내면화하는 경향을 보였다. 또한 다른 이주노동자 수용국들과 마찬가지로 이스라엘 역시 이주노동자에게 정착을 허용하지 않기 때문에, 이들에게 돌봄노동 일자리는 이스라엘에 체류하는 동안에만 수행하는 임시직으로 여겨졌다.

이주의 경로를 만들어 내는
비공식 영역

루시는 필리핀의 높은 실업률, 성차별적 노동시장이라
는 배출 요인과 높은 임금, 여성에게 개방된 일자리라
는 흡인 요인에 이끌려 이스라엘을 목적지로 정했다.
하지만 루시의 이주에 결정적인 역할을 한 것은 이주
자 연결망(migrant networks)이다. 이주자 연결망은 송
출국과 수용국에 있는 친인척, 친구, 사회 구성원 들을
이어 주는 사람 간 연결로 정의되는데, 이주와 관련된
정보나 지원의 흐름을 만들어 내면서 이주를 발생시키
고 유지하는 데 중요한 역할을 한다는 특징을 지닌다.
루시가 이스라엘 취업에 관심 가지게 된 것은 이스라
엘에서 돌봄노동자로 일하는 먼 친척이 있다는 사실을
알게 되면서다. 이후 구체적인 취업 정보를 알아보던
중 고향 친구 라니를 통해 에디를 소개받아 5개월 만
에 이스라엘에 도착했다.

　에디는 이스라엘에서 돌봄노동자로 일하고 있는
라니의 사촌으로, 지원자를 이스라엘 에이전시와 중개
하는 브로커다. 이스라엘 에이전시가 매개하는 공식적

인 절차를 통해 이주하는 경우 입국까지 1년 이상 기다리거나 아예 취업이 안 될 가능성이 크지만, 에이전시와 연계된 에디 같은 브로커를 통하면 신속하고 확실하게 이주할 수 있다. 사실상 에이전시는 이스라엘 에이전시와 브로커, 이주노동자로 이루어진 착취 구조의 정점에 있다. 에이전시는 브로커를 통해 이주노동자에게 1만 달러 정도의 불법 수수료를 요구하며, 브로커는 이 비용을 낼 만한 경제적 자본이 없는 지원자에게 이주 비용을 빌려주면서 이주를 성사시킨다. 이주노동자와 고용주를 매개하는 브로커는 특히 이주를 담보로 이주노동자에게 대출을 요구한다는 점에서 인신매매나 불법 거래의 매개자로 인식되는 경향이 있지만, 브로커 각자가 정하는 이자율이 무이자에서 고금리까지 천차만별이라는 점에서 모든 브로커가 '악덕업자'인 것은 아니다.

필리핀과 이스라엘 사이의 노동 이주는 공식적으로는 양국의 이주 정책과 에이전시에 의해 구조화되지만, 실제로는 다양한 행위자들의 관계를 기반으로 형성된 연결망이 합법과 불법, 공식과 비공식의 경계를 교차하면서 이주의 경로를 만들어 낸다. 이 과정에서 브로커는 단순히 이윤 창출을 위해 이주자에게 이주의 기회를 팔기만 하는 것이 아니라, 이주에 필요한 정보와 자원을 제공함으로써 이주 위험을 감소시키는 사회적 자본이자 이주연결망의 교점으로 기능한다. 루시는 비록 비싼 이자와 함께 빌린 돈을 갚아야 했지만, 에디가 친한 친구의 친척이며 동향 출신자라는 사실에서 신뢰감을 가졌으며, 자신의 이스라엘 이주를 가능하게 해 주었다는 점에서 험난한 이주 여정의 '안내자'로 여겼다.

브로커, 안내자 또는 착취자의 경계

에디의 제안으로 지금은 루시도 중개 일과 돌봄노동을 병행하면서 필리핀-이스라엘 노동 이주의 연결망 구축과 유지에 중요한 역할을 하고 있다. 루시는 지원자를 찾아 에디에게 중개하고 수수료로 250달러를 받는 중간 브로커다. 브로커에게는 넓은 인맥뿐 아니라 이주 비용을 빌려줄 수 있는 경제적 자본이 필수 요건이다. 루시는 퇴근 후에 청소 아르바이트를 했고, 주말에는 휴일이 없는 돌봄노동자를 대신해 일했을 뿐 아니라, 다른 필리핀 이주자들에게 국제전화카드, 필리핀에서 들여온 속옷, 화장품, 보험을 판매하기도 했다. 이렇게 다양한 유형의 경제 활동으로 모은 돈을 발판 삼아 중개 일을 시작했다. 룸메이트인 나도 얼굴 보기가 힘들 정도로 루시는 일하러 다니느라 항상 바빴다.

루시는 고향 친구와 대학 동기, 친척, 친구, 친구의 친구 등 자신의 인맥이 미치는 가능한 범위 안에서 지원자를 모집하고 있다. 과거에 루시가 그랬듯이 지원자들은 이주 비용을 높은 이자에 빌려 써야 한다는 점에서 루시를 '착취자'로 인식하는 경향이 있었지만, "루시가 아니었다면 이스라엘에 올 수 없었다."라며 고마워하기도 했다. 루시의 역할은 지원자를 에이전시에 중개해서 고용 계약을 성사시키는 것에서 그치지 않는다. 새로운 이주자가 이스라엘 공항에 도착하는 순간부터 함께하며 낯선 환경에 적응하고 이주민 사회에 빠르게 진입하도록 도우면서 관계의 새로운 국면을 열어 준다. 예컨대 루시는 자신이 '데려온' 필리핀 여성이 입국하면 아파트로 초대해 파티를 열고 모두에게 소개했다. 이들은 대부분 루시 개인의 연줄로 얽힌 동향 출신이기 때문에 단순히 '고객'이 아니라 잠재적인

임안나

'친구'였다.

최근에는 루시가 그동안 학비를 지원했던 동생 두 명도 이스라엘에 돌봄노동자로 이주했다. 평소 루시는 동생들이 노트북이나 도서비 명목으로 송금을 요청할 때마다 "외국에서 일하면 백만장자라도 되는 줄 안다."라며 불만을 토로하면서도 베갯잇에 숨겨놨던 달러를 꺼내 송금소로 달려가곤 했다. 자신의 경제적 지원으로 동생들이 학업을 마치고 마침내 일을 할 수 있게 된 것에 뿌듯해했다. 루시는 그동안 보내 준 학비와 용돈을 동생들이 "갚는 건 기대하지도 않는다."라고 했지만, 지금부터는 동생들이 부모님을 돌볼 수 있을 것이라 믿으며 가장으로서의 부담감을 조금은 덜 수 있기를 기대했다.

루시의 이주 여정은 끝나지 않았다

일반적으로 노동 이주가 가족 부양이라는 경제적 동기에 의해 추동된다고 보는 시각이 지배적이지만, 이주 동기는 생각보다 다양하고 복합적이다. 루시는 아버지의 병원비와 동생들의 학비 그리고 생활비 명목으로 매달 자신의 월급을 모두 필리핀 가족에게 송금했고, 자신의 생활비와 저축은 아르바이트와 중개 일을 해서 번 돈으로 충당했다. 송금으로도 모자라 틈만 나면 커다란 상자에 각종 생활용품과 옷가지를 가득 채워 가족과 친척에게 나눠 줄 선물로 보냈다. 하지만 정작 루시가 필리핀을 떠난 배경은 가족과의 관계가 원만하지 않은 이유가 컸다. 루시는 "동생들과 달리 차별받으며 컸기 때문에 일부러 다른 지역에 있는 대학에 입학할 정도로 집에서 벗어나려고 노력했다."라고 했다. 하지만 해외에서 일하는 동안 생계 부양자로서 새로운 역할을 맡게 되면서 집안에서 루시의 위치는 달라져 있다.

여성의 해외 이주는 주로 가족과의 물리적 단절이 초래하는 '초국가적 가족' 형태의 등장이나 여성의 오랜 부재로 인한 '돌봄의 위기' 담론 속에서 조명되는 경향이 있다. 하지만, 해외에서 이주자로서 살아가는 삶과 모든 경험이 반드시 필리핀에 있는 가족과 연관되어 있거나 경제적인 목적에서만 이루어지는 것은 아니다. 이스라엘에서 머무는 지난 12년 동안 루시도 생애 주기에 따른 변화를 겪었다. 결혼을 약속했던 남자 친구와 귀국 문제로 다투며 이별과 재회를 반복했

임안나

던 루시는 2017년 마침내 휴가를 이용해 결혼식을 하고 혼자 이스라엘로 돌아왔다. 그로부터 2년 뒤 아이를 낳았을 때도 루시는 휴가를 이용해 아이를 필리핀에 데려다 놓고 다시 이스라엘로 돌아왔다.

중산층 가정 출신의 안정적인 직업이 있는 남편의 만류에도 불구하고 루시가 필리핀으로 돌아가지 않는 이유는 단지 돈을 버는 것이라거나, 친정 가족들에게 경제적 지원을 지속하는 것만은 아니다. 오래 해외에 체류하며 새로운 환경에서 이주자의 삶을 경험하고 주체적으로 다양한 경제적, 사회적 활동을 해 온 루시는 "필리핀으로 돌아간 후의 삶이 상상되지 않는다."라고 말했다. 그동안 루시는 돌봄노동자로 경력을 쌓고 재정 증명이 가능할 정도의 자본을 모으면서 캐나다로 이주하기 위한 노력을 멈추지 않았다. 루시도 다른 이주노동자들처럼 언젠가는 이스라엘을 떠나야 하는 단기계약 이주노동자이기 때문이다.

루시가 가족 재결합의 가치를 우선시했다면 진작에 남편과 아이가 있는 필리핀에 정착했을 테지만, 그는 여전히 화상 전화로 가족과 대화하고 2년에 한 번 휴가를 이용해 필리핀을 방문하는 삶을 살고 있다. 언젠가 루시는 바라던 대로 캐나다 취업에 성공해서 가족을 초청해 함께 살게 될 수도 있다. 캐나다 이주에 실패해 결국 필리핀으로 돌아가거나 다음 목적지를 물색해야 할지도 모른다. 분명한 것은 일자리를 찾아 떠나는 것에서 비롯된 루시의 이주 여정은 아직 끝나지 않았으며, 그녀의 삶이 이 짧은 글에 다 담을 수 있을 정도로 단순하지도 않다는 사실이다.

임안나

과로죽음에
이르지 않도록

강민정

강민정   일하는 사람의 삶, 그리고 기업 인사관리에 관심을 두고 있는 연구자. 중앙대학교 경제학과와 사회학과를 졸업하고, 일본 리츠메이칸대학교에서 한국과 일본의 과로죽음에 대응하기 위한 사회적 지원 체계 비교 연구로 사회학 석사 학위를 취득했다. 2017년 한국 과로사·과로자살 유가족모임을 만들어 운영하며 과로죽음 유가족과 소통하고 있다.

[주요어] #과로죽음 #유가족 #적정노동시간
[분류] 사회학 > 노동문제

"한 사람의 신체적, 정신적으로 건강한 삶은
자유시간의 양과 질에 좌우된다.
이러한 자유시간의 확보 여부는 생존을 위해
더 이상 줄일 수 없는 생활시간을 빼면,
24시간 중 가장 많은 시간을 점유한
일 관련 시간에 따라 결정된다.
이 시간을 줄이지 못할뿐더러,
오히려 감당할 수 없을 만큼 늘어나는데도
그대로 받아들여지는 라이프스타일이
바로 '과로'다."

모든 인간에게 동등하게 주어진 하루 24시간. 이 24시간을 어떻게 보내며 살아가는지를 우리는 라이프스타일이라 부른다. 직관적으로 일과 삶은 떨어질 수 없는 관계다. 24시간은 일 관련 시간, 생활시간, 가사시간, 자유시간으로 나눌 수 있다. 생활시간은 수면, 식사 등 생존에 필수적인 시간이며, 가사 시간은 집안일, 육아 등 가정 내 노동시간이다. 자유시간은 기타 사회적 욕구를 지닌 인간으로서 정치, 사회적 활동을 도모하는 시간이다.

일 관련 시간, 즉 업무 시간은 고용 형태에 따라 다르게 정의될 수 있다. 누군가 혹은 어딘가에 고용되어 일하는 경우, 통상적으로 사업 또는 사업장에서 임금을 목적으로 한 종속관계 아래 사용자의 지휘감독을 받으며 근로계약 등에 따라 노동을 제공하는 시간이다. 출장, 연수시간, 작업 대기시간 등 사용자의 명시적·묵시적 지시가 전제되는 모든 시간을 포함한다. 실질적 노동 제공이 없더라도 자신의 노동력을 사용자의 처분에 맡겼다면 휴게 및 휴식 시간 역시 업무 시간으로 본다. 프리랜서의 경우, 약정된 결과물을 완성하여 제공하기까지 투입되는 모든 육체적, 지적 활동 시간으로 볼 수 있다. 개인 사업자의 경우, 사업을 영위하기 위하여 필요한 제반 활동 시간을 의미한다.

과로, 한국인의 라이프스타일

그럼 이제 구체적으로 한국에서 살아가는 우리의 24시간을 들여다보자. 통계청은 5년 주기로 「생활시간조사」를 실시하여 국민들이 하루 24시간을 어떻게 사용하는지 삶의 모습을 파악하고 있다. 2019년 만 10세 이상 약 2만 7000명을 대상으로 진행한 조사 결과에 따르면 잠, 식사 등 개인 유지를 위해 필요한 필수시간에 평균적으로 11시간 34분, 일, 학습, 가사노동, 이동

등 의무가 부여된 의무시간에 7시간 38분, 개인이 자유롭게 사용 가능한 여가시간에 4시간 47분을 사용한다. 19세 이상 성인 기준 평일 하루 평균 2시간을 가사노동을 위해 보낸다고 응답했다.

특히 주요 경제활동 인구인 15세 이상 국민 중 평일에 일하는 이의 비율은 60.6퍼센트였다. 평일 하루 평균 6시간 41분을 일하는 시간(구직 활동 포함)으로 보내고, 출퇴근에 1시간 16분을 보낸다고 응답했다. 전체 조사 대상자의 54.4퍼센트가 '평소 시간이 부족하다고 느낀다.'라고 응답했다. 남자, 30대, 대졸 이상, 취업자의 경우 상대적으로 응답 비율이 높게 나타났다. 더불어 시간이 부족하다고 느끼는 응답자 중에 52.2퍼센트가 '직장 일을 줄이고 싶다.'라고 응답했다.

한국에서 일하며 살아가는 성인의 평균적 하루는 대략 이렇다. 수면, 식사 등 생리 현상을 위한 생활시간이 11시간, 일 관련 시간 8시간, 가사시간 2시간, 자유시간 3시간. 한 사람의 신체적, 정신적으로 건강한 삶은 자유시간의 양과 질에 좌우된다. 이러한 자유시간의 확보 여부는 생존을 위해 더 이상 줄일 수 없는 생활시간을 빼면, 24시간 중 가장 많은 시간을 점유한 일 관련 시간에 따라 결정된다. 이 시간을 줄이지 못할 뿐더러, 오히려 감당할 수 없을 만큼 늘어나는데도 그대로 받아들여지는 라이프스타일이 바로 '과로'다.

한국에는 일하는 사람의 신체적, 정신적 피로를 회복함과 동시에 인간다운 생활을 영위하게 하기 위해 제정된 근로기준법이 있다. 이에 따라 노동시간을 주간 40시간, 하루 8시간으로 제한하고 있고, 당사자 간의 합의를 전제로 주간 12시간 한도 내에서 연장 노동을 인정하고 있다. 또한 일하는 사람들이 연속된 노동에서 벗어나 피로 해소와 건강 회복을 도모하고 여가 활용을 통해 인간으로서의 사회적·문화적 생활을 향유할 수 있도록 근로기준법상 휴게, 휴가, 휴일 규정을 두어 보장하고 있다.

그럼에도 법정 노동시간 외 일정 수준의 초과노동은 여전히 사회적으로 미덕이라 여겨진다. 적정 수준을 넘어서 과하게 일하다가 죽음에 이르게 되는 것이 바로 과로죽음이다. 국가는 과로죽음에 이르렀을 때 산업재해로 인정받을 수 있는 기준을 대부분 노동시간에 의거하여 판단하고 있다. 죽기 전 3개월을 평가해 일주일간 노동시간이 60시간 이상이면 일로 인한 죽

강민정

음 인정 정도가 강하다고 보고, 일주일간 노동시간이 52시간을 초과하며 또한 업무 부담 가중 요인이 있으면 일로 인한 죽음 관련성이 증가한다고 본다.[1]

만연한 과로에도 불구하고 많은 이들이 과로죽음을 가깝게 여기지 않는다. 잠깐 내 가까운 가족 이야기를 들려주고 싶다. 내가 아직 초등학생이었던 1999년, 대기업 제과 회사 개발팀에서 신제품 개발로 3일 내내 퇴근하지 못했던 나의 고모부가 숙직실에서 잠을 자다가 그대로 돌아가셨다. '사람이 너무 많이 일하면 죽는다고?'라는 의문이 들었지만, 이와 같은 형태의 죽음이 적지 않다는 사실을 뉴스를 통해 알게 되었다. 이후 나는 일본에서 과로죽음을 둘러싼 일련의 동태를 연구하며, 이 죽음의 의미를 더 잘 이해할 수 있게 되었다.

과로죽음을 증언하는 유가족 모임

과로죽음은 일본어로 '가로시(過勞死)'다. 1970년대 일

[1] 고용노동부고시 제2020-155호.

본에서 '과한 업무로 인한 죽음'을 부르는 사회적 용어로 등장했다.[2] 1981년 과로사문제연락회(過勞死問題連絡会)가 결성되고 변호사, 의사 등 관련 전문가들의 연합 지원 활동이 활발히 이루어지기 시작했으며, 동시에 1991년 각 지역에 흩어져 있던 유가족들을 중심으로 전국과로사를생각하는가족모임(全国過勞死を考える家族の会)이 생겼다. 유가족 모임과 변호사, 의사, 교수 등의 전문가 집단, NPO 단체, 노동조합 등이 본격적으로 연대하여 개별적으로 인식되었던 과로죽음을 사회문제로 의제화하기 시작했다. 연구와 사회 활동을 꾸준히 도모해 지금은 과로사·과로자살에 대응하기 위한 사회적 지원 시스템이 구축되어 있다. 과로죽음 발생에 대응하여 예방, 방지, 사후 관리를 위해 시민사회

[2] "한국에서도 과로죽음(과로사 및 과로자살)은 법적, 의학적 용어가 아닌 사회적 용어로 쓰이는데, 다만 산업재해로 인정되는 질환 중 뇌심혈관계 질환들이 주로 과로와 관련되어 있으므로 일본과 비슷하게 '뇌혈관 질병 또는 심장 질병 및 근골격계 질병의 업무상 질병 인정 여부 결정에 필요한 사항'이라는 고용노동부 고시 등을 기준으로 과로재해로서 과로사와 과로자살을 인정하고 있다." 한국과로사·과로자살유가족모임 지음, 한국노동안전보건연구소 기획, 『그리고 우리가 남았다: 과로사·과로자살 사건에 부딪힌 가족, 동료, 친구를 위한 안내서』(나름북스, 2021), 29쪽.

전체가 연계되어 있는 것이다.

과로죽음 문제의 당사자인 유가족들의 단체 활동은 이 복합적 매커니즘의 핵심이다.[3] 유가족 모임은 과로와 죽음의 직접적 연결고리를 목소리로 증언한다. 기본적으로 유가족들의 보상 요구나 추가적 문제제기 없이 과로죽음 사회적 지원 시스템은 작동하기 어렵다. 일본에서 이는 300여 명으로 구성된 유가족 모임의 군건한 연대로부터 가능했다. 이들은 산업재해 인정을 위한 긴밀한 정보 교환과 더불어 사회에 과로 문제를 알리고 예방 대책을 마련하기 위한 전반적 활동을 하고 있다.

그렇지만 과로죽음은 의학적·법률적·사회학적 인과관계가 교차하는 복잡한 문제다. 이에 전문가들은 유가족 모임과 함께 정기 모임, 학술회를 기획하는 등 내부에서 적극적으로 결합해 지식 격차를 해소하고 상호간 신뢰를 구축한다. 전문가는 유가족과 일상을 나누며 진심으로 유가족 모임을 지지하게 되고, 이에 유

[3] 강민정 외, 『労働社会の変容と格差·排除: 平等と包摂をめざして(노동사회의 변용과 격차·배제: 평등과 포섭을 목표로)』(ミネルヴァ書房, 2015), 137쪽.

가족은 또한 전문가에게 전폭적 믿음을 보내게 된다. 흥미로운 지점은 이러한 소통을 통해 유가족이 전문가로부터 일방적 도움을 얻는 것이 아니라, 전문가 역시 심리적 정화를 경험하고 과로죽음 문제 해결을 위한 의지를 새롭게 다지게 된다는 사실이다.

한국에서 꾸린 유가족 모임

2013년 일본 유가족 모임과 전문가들은 스위스 제네바에 있는 유엔 사회권규약위원회 사무국에 직접 방문하여 일본 정부에 장시간 노동 방지 조치 강화를 권고하도록 진정을 넣었다. 또한 과로죽음 방지를 위한 지속적 입법 시민운동으로 국민 55만 명의 서명을 받아 일본 국회 및 지방의회에 법제정의견서가 채택되도록 했고, 2014년 6월 모든 정당 만장일치로 과로사방지법이 제정되었다. 이는 일본의 노동 관련법 중 오로지 시민운동에 기반하여 제정된 유일한 법이다. 법 규정 하나하나가 모두 유가족 모임과 관련 전문가들이 10년 넘게 함께 공부하고 공감하며 만들어 낸 결실이다.

일본의 유가족 모임을 중심으로 한 성과는 사회

경제적 조건이 유사한 한국에도 시사하는 바가 크리라 생각했다. 비교 연구를 위해 한국의 과로죽음 유가족 모임을 찾아 나섰지만, 존재하지 않았다. 당시 연구 인터뷰를 위해 만났던 유가족들은 저마다 과로죽음을 인정받기 위해 고군분투하고 있었고, 산업재해 인정 여부에 상관없이 허망함과 미안함에 힘들어했다. 2017년 7월, 세 명의 과로죽음 유가족을 한 자리에 모아 이야기 나눌 자리를 마련했고, 이후 우리는 한국과로사·과로자살유가족모임이라는 명칭으로 한 달에 한 번 모임을 꾸리고 있다. 현재 20여 명의 유가족과 변호사, 직업 환경 전문의 등 관련 전문가가 함께 과로죽음 문제를 다양한 측면에서 고민하고 있다.

만남의 횟수를 더해 갈수록 유가족들은 같은 상황을 겪었다는 점에서 유대감과 일치감을 느끼고 심리적 안정감을 얻었다. 특히 과로죽음이 결코 개인의 문제가 아님을 인식하면서 고인에 대한 죄책감을 덜고, 서로 일상을 나누며 회복하고 있다. 모임에 새로 온 유가족에게 자연스럽게 과로죽음에 대응하는 전략을 공유하는데, 전문가가 결코 전달할 수 없는 경험으로부터 얻은 노하우다. 모임은 우리 사회의 과로죽음과 관련한 중요한 목소리를 내며 활발히 활동하고 있다. 얼마 전 유가족들은 산재 인정을 받기 위해 초기 대응이 무척 중요하다는 것을 먼저 경험한 선배들로서 집필한 『그리고 우리가 남았나』를 출간했다. 갑작스러운 과로 죽음 앞에 완전히 뒤집어진 삶에서 나침반이 되길 바라며 모임의 모든 유가족이 산재 인정 방법, 마음 상태, 회복을 위한 방법 등 다양한 주제별 글쓰기를 자발적으로 수행했다. 이를 재구성해 몇몇의 대표 유가족들과 함께 만든 과실이다.

왜 과로를 그만두지 못하는가?

그런데 사람들은 결국 죽음에 이를 때까지 과로를 왜 멈추지 못할까? 드라마 「미생」에서 과중한 업무로 괴로워하는 중간 관리자급 직원에게 퇴사한 동료는 이렇게 말한다. "회사가 전쟁터라고? 밀어낼 때까지 그만두지 마라. 밖은 지옥이다." 지쳐 보이는 친구에게 퇴사를 권하자 돌아오는 대답은 이렇다. "그만두고 말 거면 왜 고민을 하겠냐?"(영화 「리틀 포레스트」) 영업 압박을 못 견디고 그만두겠다는 신입 사원에게는 호통이

돌아온다. "이 정도도 못 버티는 놈은 어딜 가서 뭘 하든 사람 구실을 못해! 너 같은 놈이 다음 직장을 그리 쉽게 찾을 것 같아? 적응이나 할 것 같아?"(영화 「잠깐만 회사 좀 관두고 올게」) 이는 현재 우리 사회의 표상이다. 개인은 과로라는 뗏목에 타 표류하고 어디에도 닿지 못한 채 둥둥 떠다니며 스스로를 야금야금 소진할 뿐이다.

오늘날 조직 경영은 대부분 인적자본 이론을 바탕으로 한다. 인간을 기술, 지식, 능력을 갖춘 인적자본으로 보고, 교육을 통해 이를 많이 축적할수록 높은 생산성을 낼 수 있으며 기업은 그에 상응하는 높은 임금으로 보상하여 시너지 효과를 창출한다는 이론이다.[4] 푸코는 인적자본론 아래서 노동은 일정 시간만큼 팔수 있는 생산을 위한 노동력이 아닌 노동자가 소유하고 있는 능력자본이며, 노동자 스스로 기업가가 되어 자신의 노동력을 어떻게 효율적으로 운영할지 사유케 한다고 설명한다.[5] 조직에 기여할 수 있도록 스스로

[4] Gary S. Becker, *Human Capital: A Theoretical and Empirical Analysis, with Special Reference to Education, Third Edition*(University of Chicago Press, 2009), p. 24.

변화할 것을 강조하는 '셀프 리더십' 같은 경영관리 기법이 노동의 임시성과 유연성을 특정으로 하는 신자유주의적 통치성과 결합하면서 권력은 새롭게 작동한다. 조직에 절대적 복종을 강요받는 것이 아닌, 자율적 개인으로서 주체적 생산을 추구하게 되는 것이다. 합리적이고 책임감 있는 주체로서, 힘들고 피로해도 인내하는 이상적 노동자상이 만들어진다.

　　과로하지 않는 노동자는 노동과 실업의 경계에서 노력, 역량, 자기효능감 등이 결핍된 인간으로 여겨지고, 동기부여가 필요한 관리 대상이 된다. 오래 일하고 많은 성과를 내는 것을 으레 그래야만 하는 것, 더 나아가 자랑스러운 것으로까지 받아들이게 된다. 스스로 늦은 저녁까지 남아 열심히 일하는 모습에 '능력 있는 커리어맨/우먼'이라는 상징성을 부여한다. 조직 몰입, 즉 소속된 조직과 자기 자신을 동일시하여 일체감을 느끼고 높은 노력을 기울이는 것[6]을 성숙한 직업의

[5] 미셸 푸코, 심세광 외 옮김, 『생명관리장치의 탄생』(난장, 2012), 317, 320~321쪽.
[6] Meyer, P. J & Allen, J. N., "A three-component conceptualization of organization commitment", *Human Resource Management Review*, 1(1)(1991), pp. 61~89.

식이자 주인의식으로 환원한다. 노동자는 과로와 죽음의 연결 지점인 일터에서 쉽사리 빠져나오지 못한다. 과중한 일을 이겨 내지 못하는 것은 모두 자기 탓인 것만 같아 최대한 자신을 몰아세우게 된다.

　　이러한 조직 권력 아래 일하는 이들은 자신의 내면으로부터 끌어낸 강력한 동기로 과로를 감내해야만 비로소 정상적인 노동자로 고양될 수 있다. 이에 과로의 질적 변화가 일어난다. 양적으로 긴 시간은 아니지만 매우 불규칙적으로 야간근무를 하거나 밤샘작업을 하는 것, 상사 혹은 동료의 상시적 괴롭힘, 모멸감을 이겨 내는 것, 지속적 성과 압박을 견디는 것이다. 너와 나의 노력은 다르다며 과로를 일종의 훈장이자 특권으로 내세우게 된다. 그리하여 조직 내 과로 시스템이 부조리임을 인식하고 용기 내어 문제 제기 하려 해도, 연대가 아니라 "너만 힘드냐? 나 때도 다 했어." "야, 그만둬. 그냥 내가 할 테니까."와 같은 반응에 부딪힌다. 문제 제기가 오히려 불평으로 치부되어 과로로 인한 분노와 울분의 불길이 갈 곳을 잃으면, 그 불은 과로에 지친 자기 자신을 태우게 된다.

건강한 삶을 위한 적정한 일은
얼마만큼일까

따라서 노동시간의 양만으로는 과로의 진실이 무엇인지 찾기 어렵다. 얼마나 길게 일했는지 외에도, 과로의 모습은 저마다 다르게 나타나기 때문이다. 보다 구체적인 해결 방안을 찾으려면 일하는 사람 각자 노동시간의 양과 질의 기준을 고민하는 데서부터 시작해야 한다. 국제노동기구(ILO)는 적절한 노동시간(decent working time)이란 일하는 사람이 건강하고 안전해야 하고, 가정친화적이어야 하고, 성평등을 증진하고, 기업 생산성을 높여야 하며, 일하는 사람 스스로가 노동시간에 대해 선택하고 영향력을 가져야 한다고 제안한다.[7] 이를 견주어 지금 내가 하고 있는 일이 '적절하고 적정한 수준의 일'인지부터 묻는 것이 과로하는 삶에 대한 감각을 조금 더 균형 있게 만들 수 있다.

　과로죽음은 결코 특정한 개인 혹은 집단에만 나타

[7] International Labour Office Geneva, "DECENT WORK-ING TIME: Balancing Workers' Needs with Business Requirements"(2007).

는 병리적 비극이 아니다. 산업재해인 과로죽음의 경우 명백한 사고 책임자가 있는 경우가 많고, 이런 구조를 방치하고 회사를 경영해 이익을 얻는 사람도 분명하다. 과로죽음의 피해자의 권리는 고인과 그 유가족이 그러한 죽음을 겪지 않고 '살 권리'부터, 과로죽음 가능성이 높은 노동자와 그 가족, 직장 동료와 친구, 예방 및 대응 활동을 지원하는 사람들, 이 죽음을 목격한 우리 사회 구성원 모두의 권리를 포함한다. 안전하지 않은 일터가 그대로 운영되도록 둔 자들이 잘못을 인정하고, 사과하고, 죽음의 의미를 제대로 말할 수 있을 때, 사회 전체의 진실, 정의, 안전, 기억과 회복의 권리가 보장된다. 과로죽음은 우리 모두의 문제다. 지금 삶의 맥락에서 직접 경험하고 있는 과로의 경험과 그 원인이 무엇인지 서로 이야기해야 한다. 다그치기보다 공감하고, 참기보다 고쳐 나가야 한다. 이야말로 일과 떨어질 수 없는 관계인 삶을 존중하는 방법이다. 적절하고 적정한 일이란 전략과 협상의 대상이 아닌, 지켜져야 할 삶의 원칙과 가치다. 우리의 일하는 삶이 안녕하기를 진심으로 기원한다.

직장에서의
셀프 디펜스

최하란

최하란　　　스쿨오브무브먼트 공동 창립자이자 공동 대표. 건강과 운동과 셀프 디펜스에 대한 글을 쓰는 작가이자 교육하는 지도자다. 셀프 디펜스와 관련해 여러 방송과 미디어에서 강연자, 다큐멘터리 주인공, 인터뷰이 등을 했다. 운동을 즐기며 크라브 마가, 무에타이, 레슬링, 주짓수를 수련하고 있다.

[주요어] #직장내괴롭힘 #셀프디펜스 #건강과안전
[분류] 사회학 > 불평등과 폭력

"손을 들어 방어 자세를 취하고,
단순하고 짧게 말하고,
안전한 곳으로 이동하는
셀프 디펜스의 기술들을 배우는 것은
망치, 드라이버, 펜치의 사용법을
배우는 것과 비슷하다.
사용법을 알고 도구를 사용해 보면
나사를 조이거나 못을 박는 일이
아주 어렵지 않은 것처럼
셀프 디펜스도 누구나 충분히 할 수 있다."

근로기준법 제76조의 2 직장 내 괴롭힘의 금지.[1] 이 조항은 근로기준법 개정으로 2019년 7월부터 시행되었다. 시대가 변하면 법도 변한다. 하지만 결코 저절로 변하지는 않았다. 어떤 일들이 있었을까?

2017년 한림대성심병원의 선정적 장기자랑 강요가 폭로되었다. 2018년에는 서울아산병원에서 '태움'으로 인한 간호사 자살 사건이 있었다. 같은 해 한진그룹 총수 일가의 폭언과 폭행이 드러났고 '웹하드 카르

[1] "사용자 또는 근로자는 직장에서의 지위 또는 관계 등의 우위를 이용하여 업무상 적정범위를 넘어 다른 근로자에게 신체적·정신적 고통을 주거나 근무환경을 악화시키는 행위(이하 '직장 내 괴롭힘'이라 한다)를 하여서는 아니 된다."

텔' 한국미래기술 양진호 회장의 직원 폭행 영상이 공개되었다. 그보다 앞서 부패 정권을 몰락시킨 거대한 촛불 항쟁이 있었고 다음 해 미투운동이 시작되었으며 불법 촬영과 웹하드 카르텔에 맞선 여성들의 시위가 계속되었다. 우리에게 꼭 필요한 일일수록 미적대다 방치하거나 외면하기 일쑤인 국회는 켜켜이 쌓인 불만과 분노가 대중 행동으로 등장하고 나서야 움직인 것이다.

국가인권위원회 조사에 따르면 직장인의 73.3퍼센트가 직장 내 괴롭힘을 당했다. 괴롭히는 사람들의 77.6퍼센트가 상급자다. 괴롭힘을 당한 사람들의 60.3퍼센트는 개선되지 않을 것 같고 직장 내 관계가 더 어려워지거나 자신만 불이익을 당할 것 같아서 특별히 대처하지 못했다. 직장 내 괴롭힘을 당한 사람들은 정신적·신체적 건강이 나빠졌다. 괴롭힘이 빈번할수록 우울감이 심해졌고 자살까지 생각하거나 심지어 자살 시도를 한 경우도 적지 않았다.[2]

직장 내 괴롭힘과 폭력의 문제는 결코 개인의 문

[2] 2017년 국가인권위원회 인권상황 실태조사 연구용역보고서, 「직장 내 괴롭힘 실태 조사」.

제가 아니다. 더 넓은 사회적·환경적 요인이 있고 가장 중요한 요인은 사회적 불평등이다. 사회가 불평등할수록 폭력, 적대감, 스트레스가 많이 발생한다. 그러므로 사람들의 안전과 건강을 위한 진정한 대책은 불평등한 사회를 변화시키는 것이다.

직장에서 일어나는 폭력적인 상황에서 셀프 디펜스(self defense)를 하는 것은 개인적이고 부분적인 대책이다. 항상 이 점을 분명히 할 때 셀프 디펜스에 대한 설명을 시작할 수 있다. 진정한 변화를 향한 험난한 여정에 작은 불빛 하나쯤은 되길 바라면서.

셀프 디펜스란 무엇인가

아마 셀프 디펜스보다 호신술이라는 단어가 친숙할 것이다. 하지만 그 말에서 흔히 액션 영화의 한 장면이나 업어 치기, 관절 꺾기 같은 싸움의 기술을 떠올릴 것이다. 셀프 디펜스의 기원은 과거의 무술이지만 현대에는 따로 발전하는 새로운 장르다. 현대 이전의 셀프 디펜스는 대개 두 종류였다. 첫째는 결투, 즉 갈등이 생긴 두 사람(대부분 두 남자)이 목숨을 걸고 무력으로 대결해서 갈등을 조정하고 해결하는 것이고, 둘째는 귀족이나 상인의 신변과 재산을 지키는 호위 무사들의 무력 활동이다. 비무장의 일개 시민, 심지어 사회적 약자가 자신을 스스로 지킨다는 관점은 지극히 현대적인 발상이다. 이것은 1930년대 유럽에서 비로소 실전에 등장했고 이후 중동과 북미를 거쳐 1970년대부터 전세계로 퍼져 나갔다.[3]

셀프 디펜스에는 두 가지 뜻이 있다. 하나는 스스로 지키기, 다른 하나는 정당방위다. 호신술이나 자기 방어가 아니라 셀프 디펜스라고 부르는 이유는 바로 정당방위[4] 때문이다. 부당한 짓을 일삼는 사람들도 얼마든지 자신을 지킬 수 있다. 그러나 셀프 디펜스는 자신을 지키기 위한 모든 것이면서 반드시 정당하고 최대한 적법해야 한다.

[3] 이미 스데오·이얼 야닐로프, 정건·최하란 옮김, 『크라브 마가: 무장한 공격자에 맞서 스스로 방어하는 방법』(스쿨오브무브먼트, 2014).
[4] 「형법」 제21조(정당방위) 1항 "현재의 부당한 침해로부터 자기 또는 타인의 법익(法益)을 방위하기 위하여 한 행위는 상당한 이유가 있는 경우에는 벌하지 아니한다." 2항 "방위행위가 그 정도를 초과한 경우에는 정황에 따라 그 형을 감경하거나 면제할 수 있다. 3항 제2항의 경우에 야간이나 그 밖의 불안한 상태에서 공포를 느끼거나 경악하거나 흥분하거나 당황하였기 때문에 그 행위를 하였을 때에는 벌하지 아니한다."

최하란

종종 "저항하는 게 더 위험하지 않나요?"라고 묻는 사람들이 있다. 물론 가장 좋은 셀프 디펜스는 저항이 아니라 모면과 회피다. 그러나 모면하거나 회피할 수 없는 상황이 있다. 그럴 때는 저항 말고 다른 선택의 여지가 없을 것이다. 그리고 안전하게 모면하고 회피하려고 해도 효과적인 말과 행동이 필요하다.

적절한 경계 설정도 필요하다. 경계란 다른 사람에게 내가 허용할 수 있는 행동의 한계선으로, 셀프 디펜스에서 경계 설정은 폭력을 예방하고 폭력에 대처하는 절차의 일부다. 경계는 모든 사회 관계망 속에 물리적 경계, 신체적 경계, 심리적 경계, 정서적 경계, 성적 경계 등으로 존재한다. 나이, 성별, 인종, 장애, 직급, 빈부, 성적 지향에 상관없이 서로의 경계를 존중해야 한다. 직장 내 관계에서도 원치 않는 신체 접촉을 하지 않아야 하고 사적인 대화나 관계를 강요하면 안 된다. 기본적으로 위계가 있으며 생계가 달려 있는 직장 내 관계에서는 하급자나 후배는 물론이고 동료들 사이에서도 스스로 거절과 거부의 의사를 분명히 밝히기 쉽지 않다는 사실을 서로 인정하고 전제해야 한다.

다음은 셀프 디펜스를 배우고 달라진 직장에서의

경계 설정 사례다. 개별적이고 부분적이고 일시적일 수 있다. 그러나 우리에게 더 큰 변화에 대한 열망과 영감을 주기에 충분해 보인다.

"프리랜서다 보니 여러 사람과 함께 일해야 되는데 남성과 같이 일하는 경우가 대부분이에요. 회의 하자는 핑계로 일이라는 핑계로 밤늦게 술자리나 회식 자리에 부르는 일들이 적지 않았어요. 저는 술도 못 하고 그런 자리가 정말 싫었거든요. 그런데 싫다는 말을 못 했어요.

그러다 셀프 디펜스 수업을 듣고 연습을 하면서 자신감이 많이 생겼어요. 삶의 태도가 바뀐 것 같아요. 전에는 거절하지 못하고 불편한 상황에 처할 때마다 '내가 사회생활을 잘 못하는구나.' 하고 자책했어요. 그런데 이게 내 문제가 아니라 상황과 관계가 잘못된 것임을 알게 된 거예요. 이 회사랑 다시는 일 못 하게 되더라도 할 수 없다는 마음으로 '술자리에 부르지 마세요. 이렇게 전화하시는 것도 부담스럽습니다.'라고 단호하게 거절했어요. 그런데 놀랍게도 다음 날 미안하다고 문자가 오고 절 대하는 태도가 달라졌습니다. 오히려 일이 깔끔해졌어요. 프로젝트 끝나고 입금도 느린 회사였는데 빠르게 들어오고요. 이제는 협업할 때 제가 일하는 스타일, 밤늦은 회의, 회식자리 등에 관한 것들을 미리 말씀드려요. 정말 큰 변화랍니다. 전에는 불편한 것이 있어도 말 못 하고 참고만 있었는데 이제는 그러지 않아요."

폭력의 순간
어떻게 할 것인가?

위기의 순간 우리는 상대만 상대하는 게 아니다. 그 상황을 겪는 우리 자신의 마음과 몸의 반응도 처리해야 한다. 갑작스러운 폭력 상황은 우리에게 혼란과 두려움, 강한 스트레스를 준다. 누군가 내게 욕을 하거나 모종의 위협을 하거나 폭력을 쓴다면 두려움, 불안, 슬픔, 증오, 분노 등 강렬한 감정과 정서가 촉발될 것이다. 자율 신경계는 혈액으로 많은 양의 아드레날린을 분비하고 심박이 올라가고 얼굴이 붉어지거나 하얘지고 동공이 팽창된다. 이러한 육체적 반응은 다시 우리 정신에서 특정한 생각 패턴을 만들어 낸다. 어떤 일이 일어나고 있는지, 내가 왜 이런 일을 당해야 하는지, 나는 왜 아무것도 못 하고 있는지, 여기서 벗어나지 못할 것 같다든지 하는 여러 생각이 떠오를 수 있다. 감정이 몸을 자극하고 몸이 정신을 자극하고 정신이 다시 감정을 자극하는 것이다. 이 악순환은 걷잡을 수 없이 커져 극심한 두려움이나 격렬한 분노, 비통함과 혼란으로 이어지거나 신체와 정신을 잠식할 수 있다. 우리 대부분은 강렬한 감정이 떠오르는 것 자체를 막을 수 없다. 그러나 그것을 대하는 태도는 바꿀 수 있다. 어떻게 가능할까.

그 순간 자신을 지키는 방법에 집중한다. 내가 왜 이런 일을 겪어야 하는지, 왜 이런 모욕을 당해야 하는지, 무조건 말을 들으면 괜찮겠지 하는 생각에 휩싸이지 말고 셀프 디펜스의 절차대로 진행한다. 폭력을 쓰거나 괴롭힘을 하는 상대에게 짧고 단순하게 말한다. 당혹스럽거나 두려운 상황이 되면 입조차 떨어지지 않는 경우가 허다하다. 그래서 간단해 보이지만 연습이 꼭 필요하다. 손을 얼굴 높이로 들어 방어자세를 취한다. 손바닥을 상대에게 향하게 하면서 진정하라고 하거나 하지 말라고 말한다. 멀리 떨어지거나 안전한 각

최하란

도로 이동한다. 정당방위를 위해 물리적 충돌이 필요하다면 방어하고 반격한다. 그다음 안전한 경로와 장소를 확인하고 피신한다. 도움을 요청하거나 신고할 수도 있다.

그냥 머릿속이 하얘지고 뭘 해야 할지 전혀 모르겠다면 자신이 지금 얼어붙었다는 것을 알아차린다. 얼어붙은 상태에서 빠져나오기 위해 손을 사용해 방어할 준비를 하고 상대에게 하지 말라고 말한다. 있는 그대로 알아차리는 것이 오히려 정신적 안정감을 높인다. 정신적 안정감은 자제심을 높이고 감정을 통제해 의사 결정 과정을 더 신속하고 정확하게 만들 것이다.

폭력 상황, 괴롭힘의 상황은 우리에게 익숙하지 않고 당혹스럽고 갑작스럽다. 그러나 나쁜 짓을 저지르는 사람들은 조금이라도 먼저 생각하고 행동에 옮긴다. 의식적이든 무의식적이든 조금이라도 자신에게 유리하고 우리에게 불리한 조건에서 시도하기 때문이다. 즉 그들이 행동하고 우리가 반응하는 입장에 있다. 따라서 누구든 즉시 완벽히 대처하기는 어렵다. 만약 적절한 대응을 하지 못한 채 상황이 끝났다 해도 신고를 하거나 증거를 확보하거나 조력인, 노동조합, 전문 기관 등의 도움을 구할 수 있다.

서강대학교에서 일주일에 한 번씩 두 차례 셀프 디펜스 특강을 했을 때 일이다. 첫 수업에서 셀프 디펜스가 무엇인지 설명하고 흔한 폭력에 대처하는 방법을 알려 주고 모의 연습을 진행했다. 두 번째 수업에서 다시 만났을 때 한 학생이 들뜬 표정으로 그사이 일하다가 겪은 사건을 얘기해 줬다.

"선생님, 제가 지난주 특강 끝나고 바로 아르바이트하러 빵집에 갔거든요. 그런데 그날 어떤 아저씨가 빵을 집어 흔들면서 소리를 치고 위협적으로 행동했어요. 그러니까 바로 수업 시간에 배운 게 떠오르더라고요. 그래서 양손을 들어서 방어자세를 하고 '진정하세요. 차분하게 말씀해 주세요.'라고 말하는 찰나 바로 저한테 빵을 던지더라고요.

예전 같았으면 그런 손님을 보는 순간 너무 무서워서 꼼짝도 못 하고 빵에 맞았을 거예요. 그런데 연습한 대로 대처하면서 빵이 제 손에 맞고 바닥으로 후두둑 떨어지는 걸 보니까 무섭기는커녕 내가 잘하고 있구나 하는 생각이 들더라고요. 그리고 옆에 있는 동료더러 사장님에게 전화 걸어서 상황을 설명하라고 했어요. 저는 계속 안전한 위치에서 손님의 행동을 주시하면서 방어자세를 취하고 '진정하세요.'라고 말하면서요. 제 동료는 사장님과 통화한 후 바로 경찰에 신고했어요. 우리가 잘 대처하고 있어서 그런지 그 손님은 더 위험한 행동을 하지는 않았어요. 금방 경찰이 출동해서 손님을 데리고 밖으로 나갔고 그렇게 사건이 잘 정리됐어요."

손을 들어 방어 자세를 취하고, 단순하고 짧게 말하고, 안전한 곳으로 이동하는 셀프 디펜스의 기술들을 배우는 것은 망치, 드라이버, 펜치의 사용법을 배우는 것과 비슷하다. 사용법을 알고 도구를 사용해 보면 나사를 조이거나 못을 박는 일이 아주 어렵지 않은 것처럼 셀프 디펜스도 누구나 충분히 할 수 있다.

용기의 시대가 펼쳐진다면

몇 주 전 고 최숙현 트라이애슬론 선수에 대한 뉴스가 다시 나왔다. 최숙현 선수는 지도자들과 선배들의 괴롭힘과 폭력에 시달리다가 "(나를 괴롭혔던) 그 사람들의 죄를 밝혀줘."라는 문자 메시지를 가족에게 남기고 2020년 6월 스스로 삶을 마감했다. 이 안타까운 죽음으로 국민체육진흥법이 개정되었고 체육인 인권보호를 위한 스포츠윤리센터가 출범했다. 그리고 최 선수의 죽음은 업무상 질병에 따른 사망으로 판정되었다. 체육계에서 직장 내 괴롭힘으로 인한 산업 재해가 인정된 첫 사례다.

2021년 4월에는 국립 진주교육대학교에서 지원자의 만점에 가까운 성적을 세 차례 이상 조작해 최종적으로 최하점까지 낮춘 성적 조작 사건이 폭로되었다. 결국 탈락한 지원자는 중증시각장애인이었다. 입학사정관은 점수를 낮추라는 지시를 "거부하자 팀장이 자신이 지켜보는 앞에서 점수를 바꾸게 했다."라고 말했다. 그는 직장에서 불이익을 당할까 두려워 어쩔 수 없이 지시에 따랐지만 양심의 가책을 느껴 내부 고발을 감행했다. 국립 교육대에서 장애인을 배척하기 위해 저지른 행동들은 불평등과 차별이 어떻게 불공정과 배제, 직장 내 괴롭힘(이 경우에는 위계를 이용한 불법 행위 강요)으로 연결되는지를 보여 준다.

사실 복종과 순응을 원하는 관계와 질서는 직장뿐 아니라 사회 구석구석에 있다. 국제앰네스티의 2020/21 연례인권보고서에 따르면 코로나19 팬데믹 이후 세계적으로 억압과 차별과 불평등과 폭력이 더 심해졌다. 수직적 억압의 구조가 강력해질수록 작은 악심들도 활개를 치려고 든다. 반대로 여러 세대를 전염시킬 만큼 강렬한 저항과 용기의 시대가 펼쳐진다면 이제껏 세상의 굳은 이치처럼 여겨지던 관행과 상식이 곳곳에서 도전받게 된다. 역사가 전하는 진실은 그럴 때 부당한 폭력들의 위세도 꺾인다는 것이다.

한국어를
가르치는 일

최수근

최수근　　　한국어 교육자. 어릴 적 말을 더듬는 습관으로 인해 모국어의 발음과 의미를 이질적으로 바라보는 데 익숙해졌고, 이 경험이 외국어로서의 한국어 교육에 관심을 갖게 했다. 중국인 한국어 학습자의 고정관념과 사회적 거리감을 연구했다. 언어 정책, 외국인의 사회 적응, 번역 등에 관심이 있다. 주디스 리치 해리스의 『양육가설』을 번역했으며 현재 한국어 교육 노동자의 노동 조건 향상을 위해 일하고 있다.

[주요어]　#언어 #한국어교육 #노동운동
[분류]　교육학 > 한국어교육

"사람들은 실제적 보상 없이
거대한 명분만으로 일을 지속할 수 없다.
나는 한국어 교육을 움직이는 힘을,
그 일을 실제 담당하는 사람들이 겪는 성장과 보람,
그리고 사회경제적 대우의 차원에서 찾고자 한다.
한국어를 가르치고 배우는 동안
선생과 학생들은 서로 어떤 영향을 주고받으며,
그 과정에서 어떻게 성장하는가.
한국어를 가르치는 사람들은
노동의 값어치를 어떻게 경험하는가."

한국어를 배우는 사람이 얼마나 되는지 정확히 파악하기는 쉽지 않다. 지난 2019년 한국어능력시험 응시자가 37만 명을 돌파했으며[1] 국내 외국인 유학생 수가 16만 명을 넘어섰다는[2] 통계를 통해 그 증가 추세를 짐작할 뿐이다. 국제결혼도 지속적으로 늘고 있고, 외국인 노동자도 곳곳에 있다. 한국어에 능통한 외국인을 방송에서 보는 일도 드물지 않다. 한국어로 말하고 한국 노래를 따라하는 외국인을 보면 많은 한국인들은 격세지감을 느끼는데, 여기에는 다소간 뿌듯함이 섞여 있다. '한국어의 위상'이 얼마나 달라졌는지를 생각

[1] 국립국제교육원, 「한국어능력시험(TOPIK) 응시현황」.
[2] 교육부, 「2019년 국내 고등교육기관 외국인 유학생 통계」.

해 보면 어쩐지 어깨에 힘이 들어가는 것이다. 그 연장 선상에서 한국어 교육은 국위 선양의 수단으로 여겨지고, 한국어 선생은 민간 외교관이라는 감투를 쓴다.

이런 뿌듯함이 커질 때 자칫 놓치기 쉬운 것은 그 안에서 살아가는 사람들의 이야기다. 사람들은 실제적 보상 없이 거대한 명분만으로 일을 지속할 수 없다. 나는 한국어 교육을 움직이는 힘을, 그 일을 실제 담당하는 사람들이 겪는 성장과 보람, 그리고 사회경제적 대우의 차원에서 찾고자 한다. 한국어를 가르치고 배우는 동안 선생과 학생들은 서로 어떤 영향을 주고받으며, 그 과정에서 어떻게 성장하는가. 한국어를 가르치는 사람들은 노동의 값어치를 어떻게 경험하는가. 사회경제적으로 안정을 얻지 못하는 상황 속에서 보람을 넘어선 노동의 의미를 발견하는 것이 가능할까.

익숙한 한국어의
낯선 쓰임

한국어를 처음 가르친 것은 2008년 5월이다. 당시 나는 대학원 석사과정 중이었으며, 선배의 소개로 성공회대에서 일을 시작했다. 나의 첫 학생들은 미얀마의 8888 민주항쟁[3] 후에 한국으로 망명을 온 활동가들이었다. 이미 한국에서 오래 살았으므로 다들 유창하게 의사소통을 할 수 있었다. 나는 다만 글쓰기, 발음 등의 실수를 바로잡고 언론을 상대할 때 쓰일 만한 격식 있는 표현을 가르치는 것을 목표로 삼았다.

늦은 오후, 네 학생과 함께 긴장하면서 진행한 첫 한국어 수업을 마쳤을 때, 수업을 듣던 네툰나잉 씨가 물었다.

"선생님, 한국어에는 주격 조사가 두 개 있잖아요. '학교가 커요.' '집이 작아요.'의 '이'와 '가'처럼. 그런데 뜻도 역할도 똑같은 게 왜 두 개나 있나요?"

내가 한국어 선생으로서 받은 첫 질문이었다. 나는 대답했다.

"발음을 편하게 하기 위해서입니다. '집가 작아요.' '학교이 커요.'처럼 말하면 자연스럽지 않으니까요."

[3] 1988년 8월 8일, 대학생과 승려, 시민이 모두 모여 시작한 버마(지금의 미얀마)의 반군부 민중항쟁. 평화적인 민주화 시위였으나, 국가평화발전위원회를 중심으로 한 신군부 정권은 시위 참여자들을 가혹하게 탄압했고, 수많은 사람들이 목숨을 잃었다.

네툰나잉 씨가 미소를 지으면서 답했다.

"선생님, 버마어에도 주격 조사가 있습니다. '카'라고 해요. 그런데 우리는 주어가 자음으로 끝나든 모음으로 끝나든 '키'를 붙여요. 비마 사람에게는 '집카 작아요.'라고 말하는 게 자연스럽습니다."

이날의 대화는 내게 두 가지 배움을 남겼다. 첫째로, 선생 입장에서 자연스럽고 당연한 것이 학생에게도 자연스러운 것은 아니다. 나에게는 익숙하고 당연한 것이 상대에게는 그렇지 않음을 받아들이는 것이 가르치는 일의 시작이다. 둘째로, 외국인 학생들은 능통하게 모국어를 구사하며 그 틀 안에서 세상을 이해하고 표현할 능력이 있다. 학생들이 이미 온전한 능력자라는 것을 잊었을 때 학생을 환자 또는 아이로 다루게 되는데, 전자의 경우는 각종 '클리닉'을 열어 학생을 '고치고' 후자의 경우는 외국인 학생의 한국어 사용을 기특해하는 태도로 나타난다.

언어는 선생과 학생 모두에게 극히 익숙한 도구다. 선생은 숨 쉬는 법을 가르치듯이, 걷는 법을 가르치듯이 한국어를 가르친다. 자연히 선생은 자신의 숨과 걸음을 낯설게 보는 경험을 하게 된다. 예를 들어

최수근

보자. 나는 "구수한 선생님께!"라고 적힌 베트남 학생의 편지를 받는다. 무슨 뜻인지 묻자 학생은 당황하면서 '따뜻한 선생님'이라고 말하고 싶었다고 변명하듯 답한다. 한국어의 '따뜻하다'는 자신의 의도를 충분히 담아내지 못했고, 그래서 사전을 뒤져 '구수하다'를 발견했다는 것이다. 학생은 모국어와 한국어 사이에서 길을 잃었고, 나는 익숙한 언어의 낯선 쓰임을 경험한다.

장백산과 백두산 사이에서 공통 언어 발견하기

다중언어 환경에서 한국어만을 사용하여 한국어를 가르치는 것의 의미를 좀 더 자세히 살펴보자. 선생은 한국어를 사용해서 한국어를 가르치고, 학생들은 한국어를 사용해서 한국어를 배운다. '무엇을 가르치는가'와 '어떻게 가르치는가'를 분리할 수 없기에, 선생은 교실 내에서 통용되는 언어를 통제할 의무를 진다. 이는 다음과 같은 상황을 만든다. 쉬는 시간에 옆 반 학생이 내가 있는 교실로 찾아왔다. 그러고는 교실 벽면에 걸린 커다란 한국 지도에서 백두산을 가리키더니 내게 물었다.

"선생님, 장백산은 중국 산인가요, 한국 산인가요?"

질문하는 학생의 얼굴로 보건대 이는 선생을 시험하기 위한 것이었다. 당시 우리반 학생들도 한국어 수준이 높았으므로 이 대화의 의미와 분위기를 느꼈을 것이다. 한국어 선생은 이런 시험을 겪는 일이 가끔 있다. 나는 대답했다.

"장백산은 중국 산이고, 백두산은 한국 산이죠."

내 말을 들은 옆 반 학생은 아무 대꾸 없이 자기 교실로 돌아갔고, 우리 반 학생들은 긴장했던 표정을 조금씩 풀기 시작했다.

한국어 교육 현장에서는 다양한 문화 충돌이 발생한다. 한국과 일본의 갈등, 양안 관계, 홍콩 문제, 동북공정, 그리고 미얀마 소수민족 문제와 BLACK LIVES MATTER 운동에 이르기까지. 구성원들의 국적과 인종 정체성이 다양하기 때문에 발생하는 자연스러운 현상이다. 피상적으로 알던 갈등, 또는 존재하는지도 몰랐던 세계의 여러 이슈가 삶 속에 미치는 영향을 직접 교실에서 체험하게 된다. 이런 문제들을 완전히 회피하기란 불가능하다.

결과적으로 한국어 선생은 이런 갈등을 알게 될 뿐만 아니라 그것을 어떻게 다룰지도 체득하게 된다. '장백산'과 '백두산'이라는 명칭을 듣고 나는 선생으로서 우리가 어떤 언어로 대화하고 있는지를 의식하게 된다. 선생과 학생의 권력 차는 차치하더라도, 선생인 나의 언어로 대화해야 한다면 우리의 대화는 공정할 수 없다. 공정하지 않은 방식으로 전달된 지식은 상대의 동의를 얻지 못한다.

세상에 존재하는 다양한 갈등을 알게 되고, 다른 환경에서 자라 온 우리가 어떻게 서로 대화할 수 있을지를 배운다는 것은 기쁜 일이다. 흰색과 검은색은 정반대의 의미를 갖지만 그 차이는 '색깔'이라는 공통점을 전제하는 것처럼[4] 각자의 옳음을 이야기하기에 앞서 우리는 먼저 공통의 언어를 발견해야 한다. 한국어 선생의 일은 서로 다른 언어를 사용하는 이들 사이 공통의 언어를 발견하는 과정이고, 이런 경험을 통해

---

[4] 하나의 의미를 여러 구성 요소로 쪼개는 것을 의미 성분 분석이라 한다. 예를 들어 '할머니'는 [+여자], [+늙음], [+사람]으로 분석할 수 있다. 여기서 [+여자]를 [+남자]로 바꾸면 '할아버지'가 되므로 반의 관계를 드러낼 수 있다.

다소간의 성장을 경험한다.

외국인 학생들의 마음 보살피기

한국어 선생이 직면하는 도전 중 하나는 바로 한국에서 살아가는 외국인 학생의 스트레스 문제다.[5] 낯선 환경에 적응하는 것만으로도 쉬운 일이 아닌데, 외국인 학생들은 대수롭지 않은 일상의 문제를 해결할 때도 몇 배의 수고를 들여야 한다. 이들은 일상 속에서 종종 마음이 무너지는 경험을 한다.

　어떤 학생들은 자신이 사는 집에 문제가 생겨도 집주인에게 한국말로 자신의 사정을 어떻게 설명해야 할지, 집주인이 자기 말을 이해할 수 있을지를 생각하다가 무력감에 빠지고 만다. 지하철에서 모국어로 친구와 대화하다가 갑자기 등짝을 맞으며 한국에서 꺼지라는 소리를 듣게 되기도 한다. 한국어를 잘하게 될수록 외국인을 미워하는 댓글이나 말의 내용을 더 많이

[5] 趙晨薇, 「언어 불안이 문화적응 스트레스에 미치는 영향에 관한 연구: '재한(在韓) 중국인 학습자'를 중심으로」, 《국어교육연구》 74호 (2020).

알아듣게 된다. 한국에서 살아가는 외국인 학생이 겪는 스트레스는 생각보다 깊고, 학생의 학습 경험은 "한국이 좋아서 한국어를 배우기 시작했다."라는 단순한 말로 다 정리되지 않는다. 한국어 선생은 이런 학생들을 교실에서 마주하게 된다.

물론 학생이 일상생활에서 겪는 문제를 대신 해결해 주는 것이 본업은 아니지만, 학생에게 학습 동기를 부여하여 적절한 마음 상태로 학습에 임하도록 하는 것은 선생의 일이다. 종종 한국어 선생은 외국인 학생이 믿고 기댈 수 있는 유일한 한국인이 된다. 그 과정에서 느끼는 보람과 기쁨을 굳이 부정할 필요는 없다. 작은 친절이 외국인 학생들에게 큰 힘이 되는 경험은 한국어 선생의 일을 지속하게 하는 주요한 원동력이다. 동시에 내가 살아가는 한국 사회를 보는 새로운 관점을 가르쳐 주기도 했다.

이처럼 한국어를 가르치는 일은 지식을 일방적으로 전수하는 것도 아니고, 한국과 한국어의 뛰어남을 홍보하는 일도 아니다. 교육 현장에서 선생과 학생은 가르치고 배우면서 서로 성장하는 교학상장(教學相長)[6]의 경험을 하게 된다. 그리고 이 경험은 한국어를 가르치는 일의 커다란 보상이 된다. 정서적 만족감이라는 심리적 보상이다.

한국어 가르치는 일의 경제적 보상

어떤 직업을 이해한다는 것은 그 직업을 둘러싼 돈의 흐름을 이해한다는 뜻이기도 하다. 한국어를 가르치는 일에는 성장이나 보람만이 아니라 직업적 안정성과 금전적 보상도 적절하게 뒤따라야 한다.

이 점에 있어 한국어 교육 현장의 현실은 형편없다. 내가 일하는 직장에서는 수습 기간을 마치면 시급 2만 7000원을 받게 되는데, 현재 선생들은 한 학기에 약 120시간, 1년에 4학기니 한 해 480시간 강의를 하는 셈이다. 계산하면 한 해 연봉이 1300만 원 정도로 2020년 최저임금의 60퍼센트 수준이다. 현재까지 15만 명 정도의 학생들이 한국어를 배워 왔고 등록금

[6] "배우고 나서야 부족함을 알게 되고, 가르쳐 보고 나서야 어려움을 알게 된다. 부족함을 알고 나면 스스로를 되돌아볼 줄 알게 되고 어려움을 알고 나면 스스로 강해질 수 있다. 그래서 가르침과 배움은 함께 성장하는 것이라고 말하는 것이다." 『예기(禮記)』, 「학기(學記)」.

최수근

이 약 170만 원으로 제법 비싼 편인 점을 생각하면, 돈의 흐름이 어쩐지 부자연스럽다. 경력이 쌓이면 상황이 더 나아질까. 안타깝게도 그렇지 않다. 수습 기간이 한참 지나 경력이 10년이 되면 같은 계산식에 따라 한 해 연봉이 1550만 원 정도다. 10년을 버텨도 생활임금은 물론이고 최저임금에도 미치지 못한다. 결국 한국어를 가르치는 일만으로는 생계 유지가 불가능하다.[7] 정부 주도로 2020년 초에 '한류협력위원회'가 출범되고 문체부 내에 '한류협력지원과'가 설치되었다는 소식 뒤에는 짙은 그림자가 있다.

한국어 선생은 유일하게 교원 자격증 발급 주체가 문화체육관광부인 교육자다. 교원 자격증은 교육부에서 관할하는 것이 마땅함에도 불구하고 문화체육관광부의 관리하에 있는 까닭은 한국어 교육이 한국 문화의 세계화 과정에 기여하려는 목적으로 발전한 탓이다. 이로 인해 한국어 교육의 '교육적' 내실을 다지는

---

[7] 직업적 습관으로 나는 사전을 찾는다. 표준국어대사전에서는 '직업'을 '생계를 유지하기 위하여 자신의 적성과 능력에 따라 일정한 기간 동안 계속하여 종사하는 일'로 정의한다. 따라서 '한국어 선생'은 그 자체로는 직업으로 기능하지 못한다.

데 한계가 있다. 또한 대학 부설 어학당을 중심으로 발전한 한국어 교육 기관에서는 학생 시절의 은사를 직장 상사로 다시 만나는 일이 흔해 사제 관계와 노사 관계가 뒤엉키는 문제를 겪는다. 교육 현장에서 겪는 성추행과 인종차별의 문제도 적지 않다. 외국인 학생들이 소통에 어려움을 겪는 것처럼 한국어 선생들도 삶에서 경험하는 온갖 부조리함을 알릴 기회를 얻지 못한다.

고용 안정성 문제는 더욱 심각하다. 현재 국내의 한국어 선생들 중에 정규직은 손에 꼽을 정도고, 대부분은 계약직으로 여러 학교를 전전하고 있다. 근로계약서조차 없는 경우도 많다. 법과 각 학교의 규정 사이에서 한국어 선생은 유령처럼 존재감 없이 떠돌고 있다.[8] 한편 한국어 교원 소지자는 꾸준히 늘어나고 있기 때문에 사용자 입장에서는 손쉽게 한국어 교육 인력을 교체할 수 있다.[9]

[8] 한국어 교원의 성별 비율, 취업률, 인력 수요 등에 대해서는 공식 통계조차 없다.
[9] 2006년 868명이던 한국어 교원 자격 심사 합격자는 2020년 기준 누적 5만 3144명으로 약 61배 늘어났다. 자격 심사의 전체 합격률은 94퍼센트에 달한다.(국립국어원, 2020)

최수근

저임금에 시달리는 한국어 선생은 어쩔 수 없이 아르바이트를 하게 되고, 카페에서 서빙을 하다가 우연히 학생을 마주쳐 얼른 숨어 버리기도 한다. 열악한 주거 환경을 선택하게 되고, 가족들과 친구들 앞에서 모멸감을 느낀다. 그러면서도 학생들 앞에서는 태연한 모습을 보여야 하는 것이 선생의 일이다. 일을 그만두는 것이 이상하지 않다.

스스로 위엄을 지키는 길

교육 노동의 보람과 열악한 대우 사이 괴리감을 견디는 것이 현재 한국어 선생들이 처한 상황이다. 작은 희망을 찾자면 한국어 선생의 노동조합 가입률이 늘고 있다는 점이다. 현재 몇몇 대학의 한국어 강사들이 노조 활동을 하고 있으며, 나의 직장에서도 2019년 늦봄에 한국어 강사 노조가 출범했다. 이렇게 한국어 강사들만으로 이루어진 최초의 노동조합이 꾸려졌으며, 그 배경에는 학교의 임금 체불 사건이 있었다.

나는 현재 한국어 강사 노조의 첫 지부장으로 일하고 있다. 우리의 첫 작업은 부당하게 강화된 인사평가 기준을 원상 회복하고 강사들의 무기계약직 지위를 확인하여 부당 해고를 막는 것이었다. 나와 노조는 언론 인터뷰와 한글날 기자회견 등을 통해 대외적으로 한국어 교육 현장의 노동 현실을 알린다. 또한 열악한 노동 현장에서 일하고 있는 전국의 수많은 한국어 선생과 소통하고 연대하는 일을 한다. 현재 목표는 단체교섭을 통해 노동 조건을 개선하는 것이다. 이 직업을 통해 생계 유지가 가능하도록 고용과 임금의 안정성을 확보하는 일이다. 현재 한국어 교육계 최초로 학교 측과 단체교섭을 하고 있는 만큼 모범적인 선례를 남겨야 한다. 이런 작업은 한국어 교육과 함께 다문화 교육에까지도 확장될 것이다.

　나는 노조 활동을 하며 한국어 수업을 처음 시작했을 때와 마찬가지로 상상도 못했던 다양한 사람들을 만나면서 때로 충격적이기도, 감동적이기도 한 많은 이야기를 나누게 되었다. 자신의 일을 사랑하고 열심히 훈련하여 능력을 쌓아 온 사람들이 그에 합당한 인정과 대우를 받지 못하고 자신의 정체성을 부정당할 때, 당당하고 즐겁게 자신을 세상에 알리는 일이 노조 활동의 시작이다. 투쟁은 "우리가 여기 있습니다."라고

　　　　최수근

세상에 알리는 데서 출발한다.[10]

　나의 일은 곧 나 자신을 둘러싼 비대칭성을 해소하고 균형을 찾아가는 과정이다. 한국어를 가르치는 일은 익숙했던 세계를 낯설게 보는 눈을 갖게 했고, 비대칭성을 알아보고 균형을 잡을 수 있도록 했다. 나는 외국인 학생들이 한국 사회에서 어엿한 일원으로 성장하는 모습, 그리고 한국어를 가르치는 모든 이가 어엿한 노동의 가치를 인정받는 모습 또한 보게 될 것이다. 이 글은 일을 통해 내가 어떻게 변했는지, 그리고 내 주변의 사람들이 어떻게 변하고 있는지에 관한 이야기다.

[10] 영화 「캡틴 마블」의 마지막 전투 장면을 보다가 노조 설립을 맡겠다고 결심했던 2019년 초의 개인적 경험이기도 하다.

참고 문헌(발표순)

김수현 「개미투자자가 하는 일」

폴 윌리스, 김찬호·김영훈 옮김, 『학교와 계급재생산』(이매진, 2004).

김수현, 「개인투자자는 왜 실패에도 불구하고 계속 투자를 하는가?: 서울 매매방 전업투자자의 꿈과 금융시장 간파」(2020).

「이낙연, "주식시장이 국민 재산증식 무대 되게 할 것"」, 《머니투데이》 2021년 1월 8일 자. (https://news.mt.co.kr/mtview.php?no=2021010810127656097)

「배보다 배꼽'…"동학개미, 투자수익보다 거래비용이 더 커」, 《한국경제TV》 2021년 2월 23일 자. (https://www.wowtv.co.kr/NewsCenter/News/Read?articleId=A202102230295)

배세진 「동학개미, 어떻게 볼 것인가」

에티엔 발리바르, 서관모·최원 옮김, 『대중들의 공포』(도서출판b, 2007).

카를 마르크스 지음, 강신준 옮김, 『자본』 1-1(길, 2008).

이마무라 히토시, 이성혁·이혜진 옮김, 『화폐 인문학: 괴테에서 데리다까지』(자음과모음, 2010).

펠릭스 마틴, 한상연 옮김, 『돈: 사회와 경제를 움직인 화폐의
　　역사』(문학동네, 2019).

박만섭, 『포스트케인지언 내생화폐이론』(아카넷, 2020).

자크 비데, 배세진 옮김, 「'자본' 1권 1편 1장 4절의 '상품물신숭배론'에
　　관하여」, 《웹진 인무브》 2020년 8월 20일 자. (https://en-
　　movement.net/295).

김민하, 「주식투자의 시대」(2021). (https://www.nodonged.org
　　/118?fbclid=IwAR0ZdQMxd5iNp7zzgpgipsByMxvwNT
　　AENROEKfHH-eeR0mdscneAPXKtLMg)

조해언 「젊은 플랫폼노동자의 초상」

소준철, 『가난의 문법』(푸른숲, 2020).

쿠팡발코로나피해대책위원회(쿠팡대책위), 「쿠팡 노동자 인권실태 조사
　　보고서」, 2020년 10월 28일.

장지연, 「플랫폼노동자의 규모와 특징」, 《고용노동브리프》
　　제104호(2020-11)(한국노동연구원, 2020).

Ranganathan, A. & Benson, A., "A Numbers Game:
　　Quantification o f Work, Auto-Gamifica-
　　tion, and Worker Productivity", *American
　　Sociological Review*, 85-4(2020). (https://doi.
　　org/10.1177/0003122420936665)

최의연 「노동자의 밤에 일어나는 일」

자크 랑시에르, 안준범 옮김, 『프롤레타리아의 밤』(문학동네, 2021).

최인기, 『가난의 시대』(동녘, 2012).

유채림, 『매력만점 철거농성장』(실천문학사, 2012).

박기순, 「알튀세르와 랑시에르」, 『시대와 철학』, 21권 3호(2010).

Jacques Rancière, "Work, Identity, Subject", *Jacques*

Rancière and the Contemporary Scene: The
Philosophy of Radical Equality(Continuum, 2012).

Jacques Rancière, *La Métho de l'égalité*, entretien
avec Laurent Jeanpierre et Dork Zabunyan,
Bayard(2012).

Charles Ramond, *Jacques Rancière. L'égalité des
intelligences*(Belin, Chapitre 4, 《Une thèse hors
normes》, 《Les paroles dégelées》, 2019).

홍태림 「예술은 노동인가?」

홍태림, 「제4회 공장미술제의 심각한 문제점에 대하여」, 《크리틱-칼》,
2014년 1월 14일 자. (www.critic-al.org/?p=4135)

홍태림, 「이준희 『월간미술』 편집인과 유진상 교수의 논평 그리고
표준계약서 문제에 대하여」, 《크리틱-칼》, 2014년 4월 5일 자.
(www.critic-al.org/?p=4051)

김혜인, 「미술인 보수지급제도 도입 방안연구」, 한국문화관광연구원
연구보고서(2015)

Guy Standing, "Left Should Stop Equating Labour
With Work", *Social Europe*, 2018.3.23.
(www.socialeurope.eu/why-work-not-labour-is-
ecological-imperative)

서동진, 「노동하는 예술가」, 《경향신문》, 2014년 3월 24일 자.
(news.khan.co.kr/kh_news/khan_art_view.html?ar
t_id=201403242048285)

함선유 「돌봄을 정당하게 대우하라」

정진주 외, 『돌봄노동자는 누가 돌봐주나?: 건강한 돌봄노동을
위하여』(한울, 2012).

England, P., et al., "Wages of virtue: The relative pay of

care Work.", *Social Problems* 49(4)(2002).

England, P., "Emerging theories of care work." *Annu. Rev. Sociol.* 31(2005).

옥수선, 조항숙, 「돌봄서비스 종사자의 직무경험에 관한 인식 유형 연구」, 《사회과학연구》 32(2)(2016).

김은지·김소영·선보영·성경·양난주·김수정·김혜영, 『지속 가능한 돌봄정책 재정립방안 연구(1): 여성·가족 관점의 진단과 정책과제』(한국여성정책연구원, 2017).

한경혜, 가족과 가구 영역의 주요 동향, 『한국의 사회동향 2019』(통계개발원, 2019).

강민정·김은지·구미영·노우리·양난주·안현미·남근우, 『사회적 돌봄노동의 가치제고를 위한 연구』(저출산고령사회위원회, 2020).

함선유, 「돌봄직 임금불이익에 관한 종단 연구」, 《한국사회복지학》 72(2)(2020).

임안나 「일자리를 따라 이동하기」

스티븐 카슬·마크 J. 밀러, 한국이민학회 옮김, 『이주의 시대』(일조각, 2013).

Saskia Sassen, "Global cities and survival circuits", Barbara Ehrenreich & Arlie Russell Hochschild, eds., *Global Woman: Nannies, maids, and sex workers in the New Economy*(Metropolitan Books, 2002).

강민정 「과로죽음에 이르지 않도록」

미셸 푸코, 심세광 등 옮김, 『생명관리장치의 탄생』(난장, 2012).

강민정 외, 『労働社会の変容と格差·排除: 平等と包摂をめざして (노동사회의 변용과 격차·배제: 평등과 포섭을 목표로)』 (ミネルヴァ書房, 2015).

한국과로사·과로자살유가족모임 지음, 한국노동안전보건연구소 기획,
　　『그리고 우리가 남았다: 과로사·과로 자살 사건에 부딪힌 가족,
　　동료, 친구를 위한 안내서』(나름북스, 2021).

Meyer, P. J & Allen, J. N., "A three-component
　　conceptualization of organization commitment",
　　Human Resource Management Review, 1(1)(1991).

Gary S. Becker, *Human Capital: A Theoretical and
　　Empirical Analysis, with Special Reference to
　　Education*, Third Edition(University of Chicago
　　Press, 2009).

International Labour Oice Geneva, "DECENT WORKING
　　TIME: Balancing Workers' Needs with Business
　　Requirements"(2007).

고용노동부고시 제2020-155호.

최하란「직장에서의 셀프 디펜스」

스데오·이얼 야닐로프, 정건·최하란 옮김, 『크라브 마가: 무장한
　　공격자에 맞서 스스로 방어하는 방법』(스쿨오브무브먼트, 2014).

2017년 국가인권위원회 인권상황 실태조사 연구용역보고서, 「직장 내
　　괴롭힘 실태 조사」.

최수근「한국어를 가르치는 일」

국립국제교육원, 《한국어능력시험(TOPIK) 응시현황》,
　　(https://www.topik.go.kr/usr/cmm/
　　subLocation.do?menuSeq=2110107)

교육부, 《2019년 국내 고등교육기관 외국인 유학생 통계》, (https://
　　www.moe.go.kr/boardCnts/view.do?boardID=350&le
　　v=0&statusYN=W&s=moe&m=0309&opType=N&board
　　Seq=79011)

趙晨薇, 「언어 불안이 문화적응 스트레스에 미치는 영향에
관한 연구 - '재한(在韓) 중국인 학습자'를 중심으로」,
《국어교육연구》(74)(2020).

인문잡지 한편

5

일

글
김수현, 배세진, 조해언, 최의연, 홍태림,
함선유, 임안나, 강민정, 최하란, 최수근

편집
신새벽, 이한솔, 김세영, 조온, 이진화

디자인
유진아

발행일
2021년 5월 17일

발행인
박근섭, 박상준

펴낸곳
(주)민음사

등록일 / 등록번호
2020년 5월 20일
강남, 사00118

주소
서울시 강남구 도산대로1길 62(신사동)
강남출판문화센터 5층(06027)

대표전화
02-515-2000

홈페이지
www.minumsa.com

값 10,000원

ISBN / ISSN
978-89-374-9145-0 04100
2733-5623